MARIE-LUISE MARJAN

Mein Lieblings-
KOCHBUCH
Frisch vom
Markt

MARIE-LUISE MARJAN

Mein Lieblings-
KOCHBUCH
Frisch vom Markt

Compact Verlag

© 1997 Compact Verlag München
Redaktion: Sabine Adler, Rosemarie Donhauser,
Cornelia Osterbrauck
Umschlaggestaltung und Layout: Inga Koch
Fotos: s.e.t. Photoproductions Thomas Schumann
The Food Professionals Köhnen (inkl. Rezeptentwicklung)
Maggi Kochstudio, CMA (IPR & O/Komplett-Büro)

ISBN 3-8174-3632-7
3636323

INHALT

Liebe Leserin, lieber Leser!

Als leidenschaftliche Köchin hatte ich schon lange den Wunsch, einmal ein Kochbuch mit meinen Lieblingsrezepten zusammenzustellen. Ich freue mich, daß ich Ihnen jetzt **Mein Lieblingskochbuch** präsentieren kann!

Auf den folgenden Seiten finden Sie Rezepte überwiegend aus der deutschen Küche für jede Gelegenheit, vom einfachen Gericht bis zur komplizierten Delikatesse. Der »leichten Küche« habe ich besonders viel Platz gewidmet: Wenn wir uns gesund ernähren, fühlen wir uns auch besser! Eine Hilfe für bewußte Ernährung bieten die Nährwert- und Kalorienangaben. Aber vielleicht genießen Sie auch gerne einmal einige raffinierte Marzipan-Butter-Pralinen. Bei einer ausgewogenen Ernährung, die viel frischen Salat, Gemüse und natürlich auch Fleisch beinhalten sollte, ist eine solche Leckerei erlaubt!

Apropos erlaubt: erlaubt ist, was Ihnen schmeckt. In diesem Sinne sollten Sie auch die Maßangaben dieses Kochbuches verstehen. Scheuen Sie sich nicht, kreativ zu sein und das eine oder andere Gericht je nach Geschmack zu variieren!

Besonders wenn Sie darauf achten, daß die verwendeten Zutaten immer frisch sind, bieten sich solche Variationen geradezu an – bei der Vielfalt der deutschen Erzeugnisse sind Ihrer Fantasie keine Grenzen gesetzt. Bei einigen Rezepten habe ich solche Veränderungen schon vorgeschlagen, bei anderen habe ich mir erlaubt, eine persönliche Bemerkung dazuzuschreiben.

Mir hat die Zusammenstellung meines **Lieblingskochbuches** viel Freude bereitet. Nun wünsche ich Ihnen ein großes Kochvergnügen und einen guten Appetit!

Ihre
Marie-Luise Marjan

SUPPEN EINTÖPFE

Poulardenbrust mit Frühlingsgemüse

(für 10 Personen)
Abbildung Seite 8/9

20 Poulardenkeulen
500 g Zuckerschoten
2 Bund Frühlingszwiebeln
250 g Champignons
250 g junge Karotten
3 Knoblauchzehen
3 EL Butter
Salz, Pfeffer
1/2 l Rotwein
1 l Geflügelbrühe
500 g gehäutete Tomatenviertel
2 Becher Crème fraîche
1 Bund Thymian

Die Poulardenkeulen auslösen, waschen, trockentupfen und klein schneiden.
Die Zuckerschoten waschen und die Fäden abziehen.
Die Frühlingszwiebeln putzen und vierteln oder achteln.
Die Champignons und Karotten putzen, waschen und klein schneiden.
Den Knoblauch schälen und fein hacken.
Butter erhitzen und darin die Poulardenkeulen mit dem Knoblauch anrösten.
In der Pfanne salzen und pfeffern.
Mit Rotwein ablöschen und mit Geflügelbrühe auffüllen.
Zuckerschoten, Frühlingszwiebeln, Champignons und Tomaten zugeben.
Zugedeckt bei sanfter Hitze etwa 1/4 Stunde köcheln lassen.
Das Ragout mit Crème fraîche verfeinern und mit gezupftem Thymian bestreuen.

 Für diesen Eintopf können Sie auch Hähnchen-, Puten- oder Truthahnfleisch verwenden.

EW	Fett	KH	kcal/J
65,8	46,1	27,0	873/3653

Kalte Gemüsesuppe

4 EL Rotweinessig
4 EL Olivenöl oder Pflanzenöl
Salz
weißer Pfeffer
Worcestersauce
Tabasco
edelsüßes und rosenscharfes
Paprikapulver
3 Knoblauchzehen
2 Zwiebeln
1/2 kg Tomaten
1 rote und 1 grüne
Paprikaschote
1 Salatgurke
1/2 l Gemüsebrühe
geröstete Brotwürfel

Aus Essig, Öl und den Gewürzen eine pikante Marinade zubereiten.
Den geschälten Knoblauch durch eine Presse drücken.
Die Zwiebeln sehr fein hacken.
Die Tomaten blanchieren, häuten, entkernen und fein würfeln.
Paprikaschoten halbieren, säubern und in kleine Würfel schneiden.
Die Salatgurke schälen und der Länge nach halbieren.
Mit Hilfe eines Löffels die Kerne sauber herauskratzen.
Dann in kleine Stücke schneiden.
Die Marinade mit Gemüsebrühe aufgießen.
Anschließend die Tomatenstückchen hinzufügen.
Im Mixer sehr fein pürieren.
In diese kalte Suppe Gurken- und Paprikastückchen sowie Zwiebelwürfel geben.
Zum Servieren mit gerösteten Brotwürfeln bestreuen.

TIP! Diese Suppe ist an heißen Tagen ein Muntermacher und hat auch viele Vitamine.

EW	Fett	KH	kcal/J
2,6	20,4	9,2	228/954

Käsesuppe

100 g geriebenes Weißbrot
40 g Butter
100 g geriebener Käse
1 1/2 l Fleischbrühe
Muskat
Salz
2 Eidotter

Das geriebene Weißbrot in Butter rösten und mit dem Käse in die heiße Brühe geben. Einige Male aufkochen und vor dem Abschmecken mit Muskat und Salz mit den Eidottern binden.

 Dazu paßt ein Glas trockener Weißwein und Weißbrot.

EW	Fett	KH	kcal/J
12,2	20,8	13,3	287/1200

Geröstete Brotsuppe

200 g altes Schwarzbrot
2 mittlere Zwiebeln
50 g Fett
Salz
Pfeffer
1 1/2 l Fleischbrühe

Das Schwarzbrot in gleichmäßige Würfelchen schneiden.
Die Zwiebeln schälen und fein hacken.
In einem Suppentopf das Fett erhitzen.
Die Zwiebelwürfel darin glasig schwitzen.
Das Schwarzbrot einstreuen und mitrösten.
Zuletzt mit Brühe aufgießen.
Abschmecken und etwa 20 Minuten durchkochen.

 Diese Suppe kann beliebig mit saurer Sahne, frischen Kräutern oder Sahne verfeinert werden.

EW	Fett	KH	kcal/J
5,7	12,7	24,3	236/987

Kräutersuppe

1/4 kg verschiedene Kräuter
und Salate wie z.B.
Brennesseln, Kerbel
und Sauerampfer
2 Schalotten
1 Stange Lauch
(nur das Weiße)
1/4 kg Kartoffeln
2 EL Butter
1/2 l Brühe
5 EL Crème fraîche
1 Schuß Portwein
Salz
weißer Pfeffer
geröstete Brotwürfel

Die Kräuter verlesen, waschen und über einem Sieb abtropfen lassen.
Anschließend alle gesäuberten Kräuter klein schneiden.
Die Schalotten schälen und hacken.
Den Lauch säubern und in feine Streifen schneiden.
Die Kartoffeln schälen und in kleine Würfel schneiden.
Butter erhitzen und darin die Schalottenwürfel glasig schwitzen.
Die Kräuter, die Kartoffeln und den Lauch hinzufügen.
Nach einigen Minuten alles mit Brühe aufgießen.
Danach etwa 20 Minuten bei milder Hitze köcheln.
Durch ein Sieb passieren und nochmals aufkochen.
Mit Crème fraîche und einem Schuß Portwein verfeinern.
Salzen und pfeffern.
Die gerösteten Brotwürfel als Suppeneinlage verwenden.

 Ein Vitaminstoß erster Kategorie!

EW	Fett	KH	kcal/J
4,6	18,9	19,6	272/1137

Zwiebelsuppe mit Anisgeschmack

1/2 kg Zwiebeln
1 Knoblauchzehe
Olivenöl oder
Pflanzenöl
ca. 1 1/2 l Brühe
Salz
Pfeffer
Worcestersauce
1 Spritzer Tabasco
1 Prise Zucker
ca. 10 cl Anisschnaps
4 Scheiben Weißbrot
100 g geriebener Käse
50 g Butterflöckchen

Die Zwiebeln schälen und in feine Streifen schneiden.

Den Knoblauch schälen und durch die Presse drücken.
Zwiebeln und Knoblauch in heißem Öl glasig dünsten.
Mit Brühe aufgießen und mit Salz, Pfeffer, Worcestersauce, Tabasco, einer Prise Zucker und 5 cl Anisschnaps würzen beziehungsweise verfeinern.
Die Suppe für etwa 1/2 Stunde köcheln lassen.
Das Weißbrot im Backofen auf einer Seite grillen.
Die andere Seite mit geriebenem Käse und Butterflöckchen belegen.
Nur kurz vorbacken.
Die Suppe in eine große, feuerfeste Form füllen und weitere 5 cl Anisschnaps darüberträufeln.
Mit den vorgebackenen Toastscheiben belegen und überbacken, bis sich eine geschlossene Schicht gebildet hat.

TIP! Zwiebelsuppen existieren in vielen verschiedenen Variationen. Je nach Geschmack mit und ohne Käse oder mit und ohne Alkohol.

EW	Fett	KH	kcal/J
10,9	23,7	20,6	345/1443

Beim ersten Engagement in Basel während der Fasenacht kennengelernt.

Steckrübeneintopf

(für 6 Personen)
Abbildung

> 3/4 kg Steckrüben
> Salz
> 3/4 kg Rindfleisch
> 1 Bund Suppengrün
> 2 Lorbeerblätter
> 1 TL Pfefferkörner
> 3/4 kg Kartoffeln
> 1/2 TL gekörnte Brühe
> 1 TL grüner Pfeffer
> 1 Tasse gemischte gehackte
> Kräuter

Die Steckrüben schälen, in Scheiben schneiden, mit Salz bestreuen und etwa 2 Stunden ziehen lassen.
Anschließend mit Wasser überspülen, abtropfen lassen und würfeln.
Das Rindfleisch mit geputztem Suppengrün in ca. 2 l Wasser geben, Lorbeerblätter und Pfefferkörner hinzufügen und etwa 1 1/2 Stunden sachte kochen lassen.
Das fertige Fleisch herausnehmen und passend zum Gemüse schneiden.

Die Brühe durch ein Sieb passieren und nochmals zum Kochen bringen.
Kartoffeln schälen und würfeln.
Das Gemüse und die Kartoffeln einstreuen und pikant abschmecken.
Sobald das Gemüse gar ist, die Fleischwürfel miterhitzen.
Mit frischen Kräutern bestreuen.

TIP! Ein typischer Eintopf der Saison. Die besten und frischesten Zutaten werden dafür verwendet.

EW	Fett	KH	kcal/J
43,0	12,6	36,0	205/857

Kindheitserinnerung

Butterklößchensuppe

> 50 g zimmerwarme Butter
> Salz
> 2 Eier
> 1 EL gehackte Petersilie
> 80 g Mehl
> bei Bedarf Paniermehl
> 1 1/2 l Brühe

Die Butter mit Salz und Eiern schaumig rühren.
Petersilie und Mehl hinzufügen.
Nach Bedarf noch etwas Paniermehl einrieseln.
Die Fleischbrühe erhitzen, mit dem Löffel kleine Nocken abstechen und in der Suppe 5-10 Minuten ziehen lassen.

TIP! Eine Suppe, die bei einem Überraschungsbesuch schnell gemacht ist.

EW	Fett	KH	kcal/J
7,1	15,2	15,9	167/700

Pürierte Linsensuppe

1/4 kg Linsen
50 g Butter
100 g geräucherter Speck
50 g Mehl
1/8 l Weißwein
Salz
Pfeffer
Kümmel
1 Prise Majoran
2 Knoblauchzehen
1 Becher saure Sahne

Die Hülsenfrüchte waschen und anschließend über Nacht bedeckt mit kaltem Wasser einweichen.
Am nächsten Tag den Sud zum Kochen aufsetzen.
Die Garzeit der Linsen beträgt etwa 1 1/2 Stunden.
Die gegarten Linsen durch ein Sieb streichen, dabei aber das Einweichwasser nicht wegschütten.
In einem größeren Topf die Butter heiß werden lassen.
Die Speckwürfel glasig rühren, bis die Einbrenne annähernd die Farbe der Linsen angenommen hat.
Mit Weißwein ablöschen.
Dann mit dem Linsensud aufgießen.
Weiterrühren, damit nichts ansetzt; aufkochen lassen.
Den Linsenbrei hinzufügen und mit den Gewürzen und dem gepreßten Knoblauch abschmecken.
Zuletzt mit saurer Sahne verfeinern.
Die fertige Linsensuppe aber nicht mehr aufkochen lassen.

TIP! An kalten Tagen reichen, wenn sonst keine Gemüse der Saison zur Verfügung stehen.

EW	Fett	KH	kcal/J
19,0	31,8	45,1	610/2553

Möhreneintopf

Abbildung

1 kg Karotten
300 g Kartoffeln
300 g Knollensellerie
2 Zwiebeln
40 g Butter
1 1/2 l Instantbrühe
Salz
Pfeffer
1 EL gehackte Petersilie
1 EL Schnittlauchröllchen

Für die Hackfleischbällchen:

300 g gemischtes Hackfleisch
1 Zwiebel
2 EL Paniermehl
1 Ei
Salz, Pfeffer
Paprikapulver
Knoblauchpulver

Karotten, Kartoffeln und Sellerie schälen.
Waschen, abtropfen lassen und in Würfel schneiden.
Die Zwiebel schälen und in Ringe schneiden.
In heißer Butter glasig dünsten.
Die Gemüse zugeben und mitdünsten.
Die Brühe angießen, würzen und alles ca. 1/2 Stunde im geschlossenen Topf garen.
In der Zwischenzeit die Hackfleischbällchen vorbereiten.
Die Zwiebel schälen und hacken.
Hackfleisch mit Zwiebelwürfeln und den restlichen Zutaten vermengen; abschmecken.
Etwa walnußgroße Klößchen formen und ca. 20 Minuten vor Ende der Garzeit zum Gemüse geben.
Den fertigen Eintopf mit Petersilie und Schnittlauchröllchen servieren.

TIP! Eine komplette Hauptmahlzeit, die mit Brot serviert wird.

EW	Fett	KH	kcal/J
23,5	25,9	30,8	442/1849

Backerbsensuppe

1/4 l Milch
50 g Butter
Salz
1/4 kg Mehl
4 Eier
Backfett
1 1/2 l Suppe
gehackter Schnittlauch

Milch, Butter und 1 Prise Salz zum Kochen aufstellen.
Sobald die Milch kocht, den Topf vom Herd nehmen und das gesiebte Mehl auf einmal einrühren.
Den Topf wieder auf die Kochstelle stellen und den Teig so lange abbrennen (abrühren), bis sich ein Teigkloß sowie eine weiße Schicht am Topfboden bildet.

Den Teig vom Herd nehmen, die Eier nach und nach einrühren.
Nach jedem Ei wieder glattrühren.
Den erkalteten Teig durch ein Reibeisen drücken, so daß die »Erbsen« gleich in heißes schwimmendes Fett tauchen.
Lichtgelb backen und dann die gebackenen Erbsen zum Abtropfen auf ein Fließpapier legen.
Die Suppe erwärmen, Backerbsen in jede Suppentasse legen und mit heißer Suppe aufgießen.
Mit frischgehacktem Schnittlauch garnieren.

TIP! Wenn es schnell gehen muß, dürfen auch fertig gekaufte Backerbsen verwendet werden!

EW	Fett	KH	kcal/J
15,6	44,3	48,4	467/1953

Fleischstrudelsuppe

1/8 kg Mehl
1 Prise Salz
lauwarmes Wasser
1 EL Öl
1 Zwiebel
1/4 kg gemischtes
Hackfleisch
1 EL Butter
1 Ei
Salz
Pfeffer
Majoran
1 1/2 l Rindersuppe
feingehackte Petersilie

Aus Mehl, 1 Prise Salz und dem benötigten lauwarmen Wasser einen geschmeidigen Strudelteig zubereiten.
Mit Öl überpinseln und 1/2 Stunde ruhen lassen.
Dann den Teig ausrollen und nach allen Seiten richtig ausziehen.
Leicht mit Mehl bestäuben.
Den hauchdünnen Strudelteig auf ein Tuch legen.
Die Zwiebelwürfel in heißer Butter dünsten, das Fleisch hinzufügen, gut würzen, mit dem Ei vermischen und auf den Strudelteig streichen.
Eine Rolle formen.
Mit Hilfe eines Kochlöffels ca. 5 cm große Stücke abtrennen.
In siedendem Salzwasser ca. 10 Minuten ziehen lassen.
Je eine Portion Strudel in eine vorgewärmte Suppentasse legen.
Mit heißer Rinderbrühe übergießen und mit Petersilie bestreuen.

TIP! Die Fülle kann beliebig ersetzt werden, wie zum Beispiel durch Gemüse, Bratenreste oder auch eine Fischfarce.

EW	Fett	KH	kcal/J
19,2	20,8	24,5	380/1589

Pfifferlingsuppe mit Maultaschen

(für 6 Portionen)
Abbildung

Für die Maultaschen:
250 g Mehl
25 g Grieß
3 Eidotter
1 Ei
Salz
Pfeffer
Muskat
nach Bedarf etwas Wasser
125 g Edelpilzkäse
1 Eigelb zum Bepinseln

Für die Suppe:
1 Schalotte
etwas Butterschmalz
150 g Pfifferlinge
1 l Rinderbrühe

Für die Maultaschen das Mehl, den Grieß, die Eidotter, das Ei, Salz, Pfeffer und den Muskat zu einem geschmeidigen Teig verkneten.
Eventuell etwas Wasser hinzufügen.
Den fertigen Nudelteig für ca. 1/2 Stunde ruhen lassen.
Anschließend sehr dünn ausrollen und ca. 5 cm große Quadrate ausstechen.
Jeweils die Hälfte der Teigecken mit einem Stück Käse von ca. 3 x 3 cm belegen.
Die Teigränder mit verquirltem Eigelb bestreichen und die andere Hälfte darauflegen und festdrücken.
Die Maultaschen in kochendem Salzwasser ca. 3 Minuten ziehen lassen.
Die Schalotte fein würfeln und in Butterschmalz anschwitzen.
Die Pfifferlinge verlesen, sorgfältig putzen und mitdünsten.
Nach einigen Minuten mit Rinderbrühe aufgießen und kurz aufkochen.
Die Maultaschen zugeben und noch einige Minuten ziehen lassen.

TIP! Rezepte für Maultaschen gibt es unendlich viele: Maultaschen in Tomatensauce, geröstete Maultaschen mit Eiern übergossen, im Ofen überkrustet und mit einer Fülle aus Kräutern, Fisch oder Gemüse.

EW	Fett	KH	kcal/J
20,4	18,9	52,2	456/1909

Graupensuppe

50 g Butter
100 g Graupen
1/4 l Milch
1 1/2 l Fleischbrühe
1 Eigelb
Salz, Pfeffer
1 EL gehackte Petersilie

Die Butter in einem größeren Topf zergehen lassen.
Die gewaschenen Graupen dann darin anrösten.
Mit der Milch ablöschen und anschließend weichkochen.
Die Fleischbrühe hinzufügen und mit den Graupen verkochen (die Kochzeit beträgt etwa 1 Stunde).
Zum Schluß mit dem Eigelb binden, nicht mehr kochen.
Salzen, pfeffern und mit gehackter Petersilie verfeinern.

TIP! Vegetarier können anstatt der Fleischbrühe auch eine Gemüsebrühe verwenden.

EW	Fett	KH	kcal/J
7,1	16,0	19,9	250/1046

Muschelsuppe

ca. 1 1/2 kg Miesmuscheln
mit Schale
1/2 Päckchen Fischgewürz
2 zerdrückte Lorbeerblätter
2 Zwiebeln
4 Knoblauchzehen
1 Stange Lauch
Olivenöl oder Pflanzenöl
Safran
Salz
Pfeffer

Die Muscheln sorgfältig reinigen – bürsten und
die Bärte entfernen.
In kaltem Wasser so lange spülen, bis das
Wasser klar ist.
Etwa 2 l Wasser mit Fischgewürz und den zer-
drückten Lorbeerblättern aufkochen.
Die küchenfertigen und verschlossenen
Muscheln (geöffnete gleich wegwerfen) in das
kochende Wasser geben.
Den Topf mit einem Deckel verschließen und
die Hitze etwas zurückdrehen.
Sobald sich alle Muscheln geöffnet haben, den
Sud abseihen und die Muscheln aus der Schale
lösen.
Die Zwiebeln und die Knoblauchzehen schälen
und in Streifen schneiden.
Den Lauch säubern und dann passend dazu
schneiden.
Das Gemüse in heißem Öl glasig schwitzen.
Mit Safran bestäuben.
Einige Male durchrühren und mit Muschelsud
auffüllen.
Die Suppe abschließend nach Bedarf salzen
und pfeffern.
Zuletzt die Muscheln einlegen.
Nochmals abschmecken und relativ heiß
servieren.

 Frische Muscheln können Sie am
besten in den Monaten, die mit »er«
enden, kaufen!

EW	Fett	KH	kcal/J
19,8	7,7	5,2	168/704

Bohneneintopf mit Hammelfleisch

1/2 kg Hammelfleisch
ohne Knochen
1/2 kg grüne Bohnen
8 Gemüsezwiebeln
1/4 kg geräucherter
Speck
4 Knoblauchzehen
Fett zum Braten
1/2 l Brühe
je 1 EL getrockneter
Thymian und
Bohnenkraut
1 Prise Majoran
Salz
Pfeffer
1 Bund gehackte
Petersilie

Das Fleisch waschen, trockentupfen und in
gulaschgroße Würfel schneiden.
Die grünen Bohnen verlesen, größere quer
halbieren und waschen; abtropfen lassen.
Die kleinen Zwiebeln schälen.
Den Speck fein würfeln.
Die Knoblauchzehen schälen.
In einem größeren Topf Fett erhitzen.
Den geräucherten Speck und die Gemüsezwie-
beln anbraten.
Das Hammelfleisch mit Knoblauch einreiben
und in den Topf geben.
Alles gut anbraten und mit der Brühe auf-
gießen.
Bohnenkraut, Thymian, Salz, Pfeffer und Majo-
ran hinzufügen.
Das Ganze bei milder Hitze zugedeckt etwa
eine 3/4 Stunde köcheln.
Zum Schluß mit gehackter Petersilie be-
streuen.

TIP! Dazu paßt ein kräftiger Rotwein und
frisches Bauernbrot.

EW	Fett	KH	kcal/J
26,5	92,2	18,8	1010/4227

Porree-Eintopf mit Kasseler »à la Else Kling«

Abbildung

500 g Kasseler
750 g Lauch
500 g Kartoffeln
4 Karotten
2 Äpfel
Salz
Pfeffer
Muskat
Apfelessig

Die Kasseler mit ca. 1 Liter Wasser zum Kochen aufsetzen.

Etwa eine 3/4 Stunde garen.
Den Lauch putzen, waschen und klein schneiden.
Kartoffeln, Karotten und Äpfel schälen.
Die Äpfel und Karotten in Stifte und die Kartoffeln in dünne Scheiben schneiden.
Etwa 1/4 Stunde vor Ende der Garzeit zum Kasseler geben.
Kräftig mit den Gewürzen und Essig süß-sauer abschmecken.
Das Fleisch herausnehmen.
In Portionsstücke schneiden und zum Eintopf servieren.

TIP! Wer den süß-sauren Geschmack nicht liebt, kann anstelle des Essigs und der Äpfel viele Kräuter verwenden.

EW	Fett	KH	kcal/J
32,7	22,5	33,7	469/1960

Kartoffelsuppe

Abbildung

1 Bund Suppengrün
1 Zwiebel
2 EL Butter
750 g Kartoffeln
1 l Brühe
Salz
Pfeffer
1 TL Majoran
1 Bund Petersilie
150 g durchwachsener
Räucherspeck
1 Becher Crème fraîche

Das Suppengrün putzen, waschen und klein schneiden; einen Teil davon beiseite stellen.
Die Zwiebel schälen und hacken.

Gemüse- und Zwiebelwürfel in heißem Fett anrösten.
Die Kartoffeln schälen und in grobe Stücke schneiden; mit dem Gemüse dünsten. Mit Brühe angießen, aufkochen und gar dünsten.
Die Suppe durch ein Sieb passieren oder pürieren; mit Salz und Pfeffer abschmecken.
Majoran und gehackte Petersilie unterrühren.
Den Speck fein würfeln und in einer Pfanne auslassen.
Auf vorgewärmte Suppenteller verteilen und mit fertig abgeschmeckter Kartoffelsuppe auffüllen. Jeweils einen Klecks Crème fraîche aufsetzen und mit rohem, gewürfeltem Gemüse leicht überstreuen.

TIP! Zu dieser Kartoffelsuppe paßt Bier und frisches Brot.

EW	Fett	KH	kcal/J
8,5	43,9	31,4	545/2280

Erbsen-Sellerie-Suppe mit verlorenen Eiern

Abbildung

600 g grüne Erbsen
1 l Fleischbrühe
50 g Butter
100 g Sellerie
250 g Spargel
Salz, Pfeffer
1 TL Essig
4 Eier
8 Toastbrotscheiben

Die Erbsen in der Brühe ca. 1/4 Stunde garen. Die Hälfte mit einem Schaumlöffel herausnehmen und beiseite stellen.
Den Rest mit der Brühe pürieren.

Die Butter zugeben und schmelzen lassen. Den Sellerie und den Spargel schälen, Sellerie würfeln und den Spargel in Stücke schneiden. Beides in die Suppe geben und ca. 10 Minuten garen. Die beiseite gestellten Erbsen hinzufügen und darin erhitzen.
Die Suppe pikant abschmecken.
Salzwasser mit Essig zum Kochen bringen. Die Eier in eine Kelle schlagen, in das Wasser gleiten und ca. 3 Minuten ziehen lassen. Mit einem Schaumlöffel herausnehmen.
Toastbrot rösten, die Scheiben auf vier Teller verteilen, Suppe darübergießen und je ein verlorenes Ei hineinlegen.

TIP! Die Eier können auch direkt in die Teller geschlagen werden.

EW	Fett	KH	kcal/J
19,4	20,6	42,7	769/3215

Bodensee-Fischsuppe

100 g Hechtfilets
100 g Lachsforellenfilets
100 g Felchenfilets
Saft von 1/2 Zitrone
1 Zwiebel
1 Karotte
1 Stange Lauch
50 g Butter
1/8 l Sahne
1/4 l Weißwein
1 l Fischfond
frischgehackte Kräuter
wie Dill, Estragon,
Petersilie, Kerbel
Salz
weißer Pfeffer

Die Fischfilets gründlich säubern, in gleichmäßige kleine Streifen schneiden und mit dem Zitronensaft säuern.
Die Zwiebel, die Karotte und die Stange Lauch in kleine Würfelchen schneiden.
Das Gemüse in heiß schäumender Butter andünsten.
Mit Weißwein ablöschen und mit Fischfond auffüllen.
Gut durchkochen und zum Schluß die Fischstreifen hinzufügen.
Alles zusammen noch weitere 5 Minuten ziehen lassen.
Abschließend mit Sahne verfeinern und abschmecken.
Zum Schluß frische Kräuter über die Suppe streuen.

TIP! Wenn Sie Ihren eigenen Fischfond ansetzen wollen, dann kaufen Sie beim Fischhändler noch extra Fischkarkassen.

EW	Fett	KH	kcal/J
15,9	22,2	6,0	339/1416

Feurige Gulaschsuppe

1/4 l Rindfleisch
2 Zwiebeln
1 Knoblauchzehe
50 g Butterschmalz
2 Paprikaschoten
2 Tomaten
je 1 Prise edelsüßer und rosenscharfer Paprika
Kümmel
geriebene Schale von 1/2 Zitrone
1 Prise Majoran
Salz
3/4 kg Kartoffeln

Das Rindfleisch in kleine mundgerechte Würfel schneiden.
Die Zwiebeln zusammen mit dem Knoblauch hacken.
In heißem Butterschmalz die Zwiebelwürfel und den Knoblauch glasig dünsten.
Das Rindfleisch hinzufügen.
Die Paprikaschoten und die geschälten Tomaten würfeln.
Das Rindfleisch mit Paprika bestäuben.
Die Paprikaschoten und die Tomaten hinzufügen.
Weiterrühren und mit ca. 1 1/2 l Wasser aufgießen.
Die restlichen Gewürze hinzufügen und ca. 1 Stunde köcheln.
Die Kartoffeln schälen, klein würfeln und unter die Suppe mengen.
Weiterkochen, bis alles gar ist.

TIP! Die Schärfe ist beliebig steigerungsfähig durch die Zugabe von Knoblauch, Chilischoten, Tabasco oder Cayennepfeffer.

EW	Fett	KH	kcal/J
17,0	16,7	32,1	349/1461

Fencheleintopf
Abbildung

1 küchenfertige Poularde
1 Bund Suppengrün
1 Lorbeerblatt, 1 Nelke
1 Zwiebel
4 Fenchelknollen
250 g frische Champignons
500 g Tomaten
2 Knoblauchzehen
Salz, Pfeffer
3 EL gehackte Petersilie

Die Poularde mit 1 Liter Salzwasser und geputztem Suppengrün aufsetzen. Lorbeerblatt und Nelke auf die geschälte Zwiebel stecken. Diese zur Poularde geben und alles ca. eine 3/4 Stunde garen. Den Fenchel putzen, halbieren und in Streifen schneiden.

Einen Eßlöffel Fenchelgrün zurückbehalten. Die Champignons putzen und halbieren. Tomaten blanchieren, häuten und halbieren. Die Knoblauchzehen schälen und dann zerdrücken. Die Poularde aus der Brühe nehmen. Den Suppenfond durch ein Sieb passieren, würzen und nochmals zum Kochen aufstellen. Mit vorbereitetem Gemüse und zerdrücktem Knoblauch erweitern. Die Poularde häuten, Fleisch von den Knochen lösen und klein schneiden. Vor dem Servieren mit kleingehackter Petersilie und Fenchelgrün garnieren.

TIP! Ein erfrischender und kalorienarmer Suppeneintopf.

EW	Fett	KH	kcal/J
43,1	41,5	12,5	596/2494

Kürbissuppe

30 g Mehl
50 g Butter
1/2 Bund Suppengrün
1 1/2 l Fleischbrühe
500 g Kürbisstücke
einige Petersilienstengel
1 EL Kümmel

Eine helle Einbrenne aus Mehl und Butter zubereiten. Darin das kleingeschnittene Suppengrün rösten. Mit heißer Brühe auffüllen. Sogleich mundgerechte Kürbisstücke, Petersilienstengel und Kümmel hinzufügen.
Die Suppe etwa eine 1/2 Stunde durchkochen. Anschließend durch ein Sieb streichen, abschmecken und servieren.

TIP! Als Einlage passen geröstete Brotwürfel.

EW	Fett	KH	kcal/J
3,7	12,1	13,2	158/639

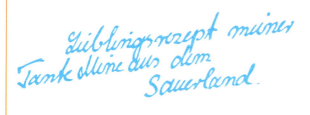

Lieblingsrezept meiner Tante Mine aus dem Sauerland.

Sauerkrauttopf »Dr. Dressler«

2 Zwiebeln
100 g gekochter Schinken
1 TL Butterschmalz
1/4 kg Sauerkraut
1 1/2 l Fleischbrühe
Salz, Pfeffer, Kümmel
1 Becher saure Sahne
1 Bund Schnittlauch

Die Zwiebeln schälen, halbieren und in Streifen schneiden.
Den gekochten Schinken fein würfeln.

In einem Topf das Butterschmalz erhitzen. Die Zwiebelstreifen und den Schinken darin glasig dünsten.
Anschließend das Sauerkraut hinzufügen und mit Brühe aufgießen.
Sehr pikant abschmecken.
Den Sauerkrauttopf etwa 20 Minuten ziehen lassen. Zuletzt die saure Sahne und den gehackten Schnittlauch einrühren.

TIP! Als Getränk hierzu paßt Bier oder Weißwein.

EW	Fett	KH	kcal/J
9,3	12,5	5,8	171/715

Linsensuppe »à la Hans W. Geißendörfer«

300 g Linsen
1 l Fleischbrühe
1 Zwiebel
1 geräucherte Bratwurst
150 g geräucherter Bauchspeck
50 g Butter
30 g Mehl
Salz, Pfeffer
Hefeklößchen

Die gewaschenen Linsen über Nacht in kaltem Wasser einweichen. Das Wasser abschütten und mit Fleischbrühe weichkochen.
Die Zwiebel, die geräucherte Bratwurst und den Speck in gleichmäßig kleine Würfel schneiden. In heißer Butter anschwitzen, mit Mehl bestäuben und mit den Linsen und der Brühe auffüllen. Gut durchkochen und würzen.
Kurz vor dem Servieren in einer großen Suppenschüssel mit den fertigen Hefeklößchen vermengen.

TIP! Statt Hefeklößchen passen auch Spätzle.

EW	Fett	KH	kcal/J
23,1	37,0	45,1	604/2528

Sandwichsuppe

Abbildung

2 Brötchen
150 g Greyerzer Käse
1 Würfel klare
Fleischsuppe
2 EL Sherry
gehackte Petersilie

Die beiden Brötchen (am besten vom Vortag) quer in insgesamt acht dickere Scheiben schneiden.
In den vorgeheizten Ofen schieben und leicht vortoasten.
Den Käse in passende Stücke zum Brot schneiden.
Anschließend vier feuerfeste Suppentassen vorbereiten. Die gebräunten Brot- und Käsescheiben abwechselnd in die Tassen verteilen.

Dann etwa 1 Liter Wasser zum Kochen bringen.
Anschließend den Suppenwürfel im Wasser auflösen.
Danach mit zwei Eßlöffeln Sherry fein abschmecken.
Die fertige Suppe über die Brotmischung gießen.
In den vorgeheizten Ofen schieben und überbacken.
Mit Petersilie bestreut servieren.

TIP! Eine gute Suppe für den Hunger zwischendurch oder zum Aufwärmen schnell und leicht gemacht. Versuchen Sie es doch auch einmal mit Brezeln und mit einem anderen Schmelzkäse.

EW	Fett	KH	kcal/J
13,4	11,8	16,5	230/964

Beschwipste Tomatensuppe

> 1 kg Tomaten
> 2 Zwiebeln
> 2 Knoblauchzehen
> 50 g Schinkenspeck
> 1 Bund Suppengrün
> Olivenöl oder Pflanzenöl
> 1 EL Tomatenmark
> 1 EL Mehl
> 5 cl Weinbrand
> 1 1/2 l Brühe
> 1 Lorbeerblatt
> Salz, Pfeffer, Thymian
> 1 Prise Zucker
> getrockneter Liebstöckel
> 2 Stangen Lauch

Die Tomaten waschen und vierteln.
Die Zwiebeln schälen und ebenfalls vierteln.
Knoblauchzehen schälen und pressen.
Den Schinkenspeck und den Bund Suppengrün nur grob zerschneiden.
In heißem Öl den Schinkenspeck und die Zwiebel- und Tomatenviertel anbraten.
Den Bund Suppengrün und den gepreßten Knoblauch hinzufügen.
Mit Tomatenmark durchrösten und leicht mit Mehl bestäuben. Mit Weinbrand ablöschen, danach mit Brühe auffüllen.
Die Gewürze wie das zerdrückte Lorbeerblatt, Salz, Pfeffer, Thymian, eine Prise Zucker und etwas Liebstöckel beigeben; kochen.
Nach ca. 1 Stunde die Suppe durch ein Sieb streichen; nochmals aufkochen.
Den Lauch waschen und in streichholzartige Streifen schneiden. In heiß schäumender Butter einige Minuten sautieren und auf vorgewärmten Suppentellern verteilen.
Mit frischer Tomatensuppe aufgießen.

 Dazu paßt frisches Weißbrot und ein gut gekühlter Weißwein.

EW	Fett	KH	kcal/J
5,7	13,6	15,3	261/1092

Kichererbseneintopf

> 1/2 kg Kichererbsen
> 1/4 kg grüne Bohnen
> 1 Stange Lauch
> 1/4 Sellerie
> Salz
> Pfeffer
> frische Kräuter

Die Kichererbsen mit kaltem Wasser bedeckt (ca. 2 l) über Nacht einweichen.
Am darauf folgenden Tag diesen Sud zum Kochen bringen.
Nach einer Garzeit von ca. 1 1/2 Stunden die gesäuberten, halbierten Bohnen einlegen.
Lauch und Sellerie in streichholzartige Streifen schneiden; ebenfalls hinzufügen.
Pikant abschmecken und mit frischen Kräutern servieren.

 Dieses Gericht kann zusätzlich mit Speckwürfeln verfeinert werden.

EW	Fett	KH	kcal/J
27,7	15,0	66,6	512/2140

Fischeintopf mit Croûtes und Aioli

Abbildung

> ca. 300 g Seelachsfilets
> 3 Zwiebeln
> 1 Zucchini
> 1 Fenchelknolle
> 2 EL Öl
> 1 gehackte Knoblauchzehe
> 3/4 kg gehäutete Tomaten
> 1 Würfel klare Suppe mit Grün
> Saft von 1/2 Zitrone
> Salz
> Pfeffer
> 1 kleines Weißbrotbaguette
> 3 EL Olivenöl oder Pflanzenöl
> 5 TL Knoblauch-Mayonnaise (Aioli)

Die Seelachsfilets in mundgerechte Stücke schneiden.

Die Zwiebeln schälen, halbieren und in Scheiben schneiden.

Die Zucchini und die Fenchelknolle gründlich waschen.

Der Länge nach halbieren und dann klein schneiden.

In einem Topf das Öl erhitzen.

Zwiebeln, Knoblauch, Zucchini und Fenchel darin andünsten.

Die Tomaten über einem Sieb abtropfen lassen.

Den aufgefangenen Tomatensaft mit Wasser zu einem Liter auffüllen.

In den Kochtopf gießen und zum Kochen bringen.

Den klaren Suppenwürfel in der kochenden Flüssigkeit auflösen.

Weitere 5 Minuten köcheln lassen.

Mit Zitronensaft abschmecken und dann würzen.

Für die Croûtes das Weißbrot quer in ca. 2 cm dicke Scheiben schneiden.

Auf ein Backblech legen und im vorgeheizten Ofen einige Minuten bräunen.

Beide Seiten der Brotschnitten mit Öl bestreichen.

Einige Minuten weiter bräunen.

In vorbereitete und vorgewärmte Suppenteller je ein Croûte legen.

Je mit einem Teelöffel Knoblauch-Mayonnaise versehen.

Heiße Suppe darübergeben.

 TIP! Zu diesem Fischeintopf paßt ein gutes Glas Wein.

EW	Fett	KH	kcal/J
20,3	86,7	25,5	516/2160

GEFLÜGEL

Hähnchenkasserolle Provençale

Abbildung S. 28/29

8 Hähnchenschenkel
Salz
Pfeffer
Paprikapulver
Öl zum Braten
1/2 kg Tomaten
1/4 kg Stangensellerie
1 Bund Frühlings-
zwiebeln
je 1 rote, grüne und
gelbe Paprikaschote
Kräuter der Provence
1 Knoblauchzehe
150 g Mozzarella-Käse

Die Hähnchenschenkel mit Salz, Pfeffer und Paprikapulver einreiben.
Anschließend in heißem Öl von allen Seiten kurz anbraten.
Dann in einen größeren Topf legen und mit ca. 1 Tasse kochendem Wasser begießen; bei kleiner Hitze köcheln.
Die Tomaten blanchieren, häuten und halbieren.
Das restliche Gemüse waschen.
Danach dieses in gleichmäßige Stückchen schneiden.
Alles zu den Hähnchenschenkeln geben und mit den Kräutern und der kleingehackten Knoblauchzehe abschmecken.
Die gewürzten Hähnchenschenkel etwa 1/2 Stunde garen.
Zuletzt die Schenkel mit in Scheiben geschnittenem Mozzarella belegen und abschließend im vorgeheizten Backofen noch kurz übergrillen.

 Mit Risotto und frischen Salaten servieren.

EW	Fett	KH	kcal/J
54,3	23,2	8,1	455/1905

Gefüllte Poularde

Abbildung

1 küchenfertige Poularde (ca. 1,2 kg)
Salz
Paprikapulver
1 Msp gerebelter Majoran
1 Msp gerebelter Thymian
1 Gemüsezwiebel
1 EL Butter
1 enthäutete Fleischtomate
1 Zucchini
2 Scheiben Weißbrot
100 g Doppelrahm-Frischkäse
Saft von 1/2 Zitrone
1 TL gehackter Salbei
Pfeffer
3 EL Öl

Die Poularde waschen, trockentupfen und innen und außen mit Salz, Paprika und Kräutern würzen.
Die Zwiebel schälen, eine Hälfte hacken und in heißer Butter glasig schwitzen; beiseite stellen.
Eine halbe Tomate in Würfel und die andere Hälfte in Achtel schneiden.
Die Zucchini waschen, die Hälfte raspeln und die andere Hälfte in Scheiben schneiden.
Die gedünsteten Zwiebeln, gewürfeltes Weißbrot, Zucchiniraspeln und den Doppelrahmkäse mit Zitronensaft, Salbei, Salz und Pfeffer vermischen.
Diesen lockeren Teig in die Poularde füllen.
Mit Holzstäbchen zustecken oder zunähen.
Die Poularde in einem größeren Bräter in heißem Öl anbraten und anschließend in den vorgeheizten Ofen bei ca. 200 Grad schieben.
Kurz vor Ende der Garzeit (ca. 1 1/4 Stunden) die restlichen Gemüse hinzufügen.
Das fertige Gericht aufgeschnitten im Bräter servieren.

TIP! Dazu eine Kartoffeltorte mit Speck und Bier reichen.

EW	Fett	KH	kcal/J
50,5	63,0	8,9	815/3410

Winzerhähnchen

2 Hähnchen
Salz
Pfeffer
12 große Weinblätter
50 g fetter Speck
4 mittlere Zwiebeln
1/2 l Geflügelbrühe
1/4 l Weißwein
250 g Spitzmorcheln
250 g blaue, kernlose Trauben
1/2 Becher Crème fraîche

Die Brathähnchen reinigen, trockentupfen, vierteln und würzen.

Die gewaschenen Weinblätter um die Geflügelteile wickeln und feststecken.

Die schönsten vier Blätter sollten zum Garnieren zurückbehalten werden.

Den Speck auslassen und die Hähnchenteile von allen Seiten anbraten.

Zwiebeln schälen, grob hacken und zugeben.

Mit Geflügelbrühe und Wein aufgießen; etwa 1/2 Stunde schmoren lassen.

Die Spitzmorcheln gründlich waschen, putzen und nach 10 Minuten zugeben.

Die Weintrauben waschen, häuten und nach weiteren 10 Minuten hinzufügen.

Jetzt die Geflügelteile herausheben, von den Weinblättern befreien und auf die mit den restlichen Blättern dekorierten Teller geben.

Die Sauce nochmals abschmecken, mit Crème fraîche verfeinern; über das Geflügel geben.

TIP! Mit überbackenen Kartoffeln und Wein servieren.

EW	Fett	KH	kcal/J
55,8	30,7	19,8	639/2674

Salbeiente

2 kleine Flugenten
Salz
weißer Pfeffer
3 EL Olivenöl oder Pflanzenöl
2 Sträuße frischer Salbei
Thymian
3 Knoblauchzehen

Mit Enten reinigen, trockentupfen und vierteln.
Mit Salz und Pfeffer würzen.
Anschließend mit Öl einpinseln und mit frischen
Salbeiblättern, Thymian und zerdrücktem Knoblauch bestreuen und einreiben.
Die Ente sollte mindestens 12 Stunden (im
Kühlschrank) marinieren.
Im Backofen auf dem Rost grillen.

 Je nach Kräutervorlieben z.B. eine
Majoranente, eine Petersilienente oder
eine 10-Kräuter-Ente zubereiten.

EW	Fett	KH	kcal/J
45,9	58,0	2,6	713/2983

Wintersalat mit Entenkeulen

4 Entenkeulen
Salz
weißer Pfeffer
100 g Speck
300 g Feldsalat
2 Schalotten
2 El Distelöl
1 EL Weinessig
50 g Crème fraîche

Die Entenkeulen reinigen, trockentupfen, salzen und pfeffern.
Die Entenkeulen mit dem gewürfelten Speck
anrösten und weitere 25 Minuten im Ofen braten lassen.
Den Feldsalat waschen, trockenschleudern.

Die Schalotten schälen, fein würfeln und
zusammen mit dem Distelöl, dem Essig, der
Crème fraîche sowie Salz und Pfeffer zu einer
pikanten Marinade verrühren.
Den Feldsalat marinieren, anrichten und die
fertigen Entenkeulen in die Mitte setzen.

TIP! Eine ideale Vorspeise, die mit
fruchtigem Weißwein und Weißbrot
gereicht wird.

EW	Fett	KH	kcal/J
40,2	66,0	1,3	756/3162

Poularde mit Basilikumsauce

Abbildung

1 Poularde (ca. 1,2 kg)
Salz, Pfeffer
2 EL Butter
4 Knoblauchzehen
2 Tomaten
2 EL weißer Wermut
ca. 1/4 Hühnerbrühe
1 Prise Kurkuma
1 Zweig Selleriekraut
1 TL frisch gehackter Thymian
1 EL gehacktes Basilikum
1 Zwiebel
1 Karotte
1 Stange Lauch
50 g Fenchelknolle
2 EL Crème fraîche

Die Poularde in acht Stücke teilen, die Haut
und sichtbare Knochen entfernen.
Die Poulardenstücke salzen und pfeffern.
Anschließend in erhitzter Butter rundherum
anbraten.
Die Knoblauchzehen schälen, hacken und hinzufügen.
Tomaten waschen, gleichmäßig würfeln und
ebenfalls mitbraten.

Nach einigen Minuten mit Wermut ablöschen, mit Brühe auffüllen und mit Kurkuma und den Kräutern würzen.

Die Hitze etwas zurückdrehen und zugedeckt ca. 1/4 Stunde garen. Die fertigen Fleischstücke herausnehmen und warm stellen.

Zwiebel und Karotte schälen und in Streifen schneiden. Den Lauch säubern und passend dazu schneiden.

Die Fenchelknolle putzen, den festen Kern herausschneiden und in Stifte schneiden.

Den Sud durch ein Sieb passieren, nochmals aufkochen und die Gemüsestreifen einlegen. Mit Crème fraîche verfeinern; abschmecken.

TIP! Mit Kartoffeltorte oder breiten Nudeln und einem leichten Rotwein servieren.

EW	Fett	KH	kcal/J
50,4	46,2	7,1	667/2789

Stubenküken

4 Stubenküken
Salz, Pfeffer
60 g Butter
1 EL Öl

Die Stubenküken reinigen, mit Küchenkrepp abtupfen und salzen und pfeffern.

Butter und Öl in einem Bräter erhitzen.

Die Stubenküken einlegen und von allen Seiten scharf anbraten.

Weitere 25 Minuten im vorgeheizten Ofen bei ca. 200 Grad braten.

TIP! Mit Bratkartoffeln und gemischten Salaten servieren.

EW	Fett	KH	kcal/J
51,6	27,3	0,1	491/2053

Gebratene Ente

Abbildung

1 küchenfertige Ente
Salz
Pfeffer
1 TL Rosmarin
Fett zum Braten
1/4 l Brühe
1/8 l Weißwein
1/8 l Sahne

Die Ente waschen und trockentupfen.
Innen und außen mit Salz, Pfeffer und Rosmarin einreiben.
In einen Bräter legen und im vorgeheizten Ofen bei ca. 250 Grad etwa 1/4 Stunde braten.
Nach dieser Zeit die Hitze auf ca. 180 Grad zurückschalten.

Zwischendurch immer wieder mit dem austretenden Entenfett übergießen.
Die fertige Ente aus dem Bräter nehmen und warm stellen.
Den Bratenfond entfetten, mit Brühe und Weißwein aufgießen und etwa ein Drittel einkochen lassen.
Mit den Gewürzen abschmecken.
Zuletzt die fein abgeschmeckte Sauce mit Sahne verfeinern.
Die Sauce separat zur portionierten Ente reichen.

TIP! Servieren Sie dazu Rotkohl in großen, ausgehöhlten und in Rotwein gedünsteten Äpfeln sowie überbackene Kartoffeltörtchen oder aber auch zur Abwechslung Kroketten.

EW	Fett	KH	kcal/J
91,7	120,6	4,7	1500/6275

Sauerkrauttopf mit Poularde

1 küchenfertige Poularde
4 EL Butter
Salz
1/2 TL Pfeffer
1 TL Paprikapulver
1 TL Currypulver
4 Schalotten
1/8 l Marsala
1/2 kg Sauerkraut
100 g grüne und
blaue Trauben
1 EL gehackte Pistazien

Die Poularde in mundgerechte Portionsstücke schneiden.
Die zimmerwarme Butter mit den Gewürzen verrühren und die Fleischstücke damit einreiben.
In eine feuerfeste große Form legen und in den vorgeheizten Backofen bei zirka 200 Grad schieben.
Die Schalotten schälen, hacken und mit dem Marsala vermischen.
In den Bräter geben.
Die Weintrauben waschen, halbieren und entkernen.
Nach einer Garzeit von ca. einer 3/4 Stunde, den Bräter mit den fertigen Geflügelstücken aus dem Ofen nehmen.
Die Geflügelteile zur Seite legen und in den Bratenfond Sauerkraut und Trauben untermengen.
Die Poulardenstücke auf diese Sauerkraut-Trauben-Mischung wieder daraufsetzen, mit Pistazien bestreuen und zurück in den Ofen schieben.
Weitere 20 Minuten garen.

 Zu diesem delikaten Sauerkrauttopf passen ein fruchtiger Weißwein und Salzkartoffeln.

EW	Fett	KH	kcal/J
50,7	47,7	11,9	710/2972

Gänsebrust mit Himbeeressig

2 Gänsebrüste
Salz
weißer Pfeffer
2 EL Öl
100 g Spitzmorcheln
80 g Butter
1/8 l Himbeeressig
1/8 l dunkler Kalbsfond
200 g Himbeeren
4 Minzebüschel

Die Gänsebrüste waschen, trockentupfen, salzen und pfeffern.
In dem Öl auf der Hautseite anrösten und rosa braten.
Herausnehmen und die Haut und das Fett abnehmen; die Brüste warm stellen.
Die Morcheln waschen, trockenschütteln und längs halbieren.
Das Bratfett abgießen, die Hälfte der Butter aufschäumen und die Morcheln andünsten.
Mit dem Himbeeressig ablöschen und mit dem Kalbsfond reduzieren.
Die Himbeeren verlesen und zugeben.
Die Sauce nochmals abschmecken und die restliche eiskalte Butter zugeben.
Die Gänsebrüste tranchieren, mit Minzeblättern garnieren und servieren.

 Die Säure des Essigs harmoniert gut mit dem Himbeeraroma und dem zarten Gänsefleisch. Dazu wilden Reis und herben Weißwein reichen.

EW	Fett	KH	kcal/J
40,8	104,6	4,7	1123/4698

Unsere Weihnachts- überraschung

Gefüllte Martinsgans

Abbildung

> 1 küchenfertige Gans (ca. 4-5 kg)
> Salz, Pfeffer
> je 1 Prise Beifuß, Rosmarin
> und Majoran
> 1 kg mürbe Äpfel
> 100 g Sultaninen
> 30 g Mehl

Die Gans waschen, trockentupfen und innen und außen mit Salz, Pfeffer und Beifuß einreiben. Die Äpfel schälen, entkernen und in Spalten schneiden. Mit Sultaninen, Rosmarin und Majoran vermischen.

Die Gans damit füllen, zunähen oder zustecken und in einen gefetteten Bräter setzen.

Im vorgeheizten Ofen bei ca. 200 Grad zugedeckt etwa 2 1/2 Stunden garen.

Dabei mehrmals wenden, mit Bratenfond begießen und überschüssiges Fett entfernen. Zuletzt den Deckel entfernen und offen knusprig braun braten.

Die fertige Gans zerteilen und warm stellen. Den Bratenfond entfetten, mit etwas Wasser aufkochen und mit angerührtem Mehl binden; abschmecken.

TIP! Dazu passen glasierte Maronen, Selleriesalat und Rotkohl.

EW	Fett	KH	kcal/J
157,4	311,7	48,7	3637/15218

Ein schöner Brauch zum St. Martinstag.

Entenkeulen mit gebratenem Rosenkohl

Abbildung

4 Entenkeulen (je à ca. 220 g)
4 Knoblauchzehen
1 EL Salz, 1/4 TL Kümmel
1 EL gerebelter Majoran
40 g Butterschmalz
800 g Rosenkohl
1/4 bis 3/8 l Fleischbrühe
1 TL Mehl
1 Eigelb
1-2 EL Madeira
1 Prise Zucker

Die Entenkeulen waschen, trockentupfen und mit einer Mischung aus zerdrückten Knoblauch-zehen, Salz, Kümmel und Majoran einreiben. Butterschmalz in einer großen Pfanne erhitzen, Entenkeulen von beiden Seiten gut anbraten und zugedeckt etwa 20 Minuten garen lassen. Entenkeulen herausnehmen und warm stellen. Rosenkohl putzen, gut waschen und in Salz-wasser etwa 10-15 Minuten weich garen lassen.

Den Bratenfond mit Fleischbrühe aufgießen. Rosenkohl hinzufügen und mit in wenig kaltem Wasser verquirltem Mehl binden, mit Eigelb legieren, mit Madeira und Zucker abschmecken. Entenkeulen und Rosenkohl getrennt servieren.

TIP! Statt Rosenkohl können Sie auch 600 g gebrühte und geschälte Eßkastanien (Maronen) verwenden.

EW	Fett	KH	kcal/J
48,1	47,0	13,9	867/3628

Hahn im Topf

1 Poularde
Salz
weißer Pfeffer
8 Scheiben
geräucherter Speck
1 Zwiebel
2 Knoblauchzehen
1 kg reife Tomaten
1/4 l Weißwein
1/8 l weißer Portwein
2 cl Weinbrand
1 EL grober Senf
30 g Butter

Die Poularde reinigen, trockentupfen und in acht Portionsstücke teilen.
Salzen und stark pfeffern.
Die Teile mit dem geräucherten Speck umwickeln und feststecken.
Die Zwiebel und den Knoblauch schälen und hacken.
Die Tomaten häuten, entkernen und dann vierteln.
Die Poulardenteile abwechselnd mit den Tomaten in einen gewässerten Tontopf geben und das Zwiebel-Knoblauch-Gemisch dabei einstreuen.
Weißwein, Portwein, Weinbrand und Senf gründlich verrühren; über die Geflügelteile gießen.
Abschließend die Butter in Flöckchen obenauf setzen.
Den Tontopf verschließen.
Im Backofen bei großer Hitze ca. 50 Minuten garen.
Etwa 10 Minuten vor Ende der Bratzeit den Deckel abnehmen, damit die Poulardenteile leicht gebräunt werden.

TIP! Ideal mit gedämpftem Naturreis und frischem Kopfsalat. Das Gericht nennt sich Hahn im Topf, da mit einem Römertopf gekocht wird.

EW	Fett	KH	kcal/J
48,5	44,2	13,1	748/3128

Hähnchenbrust in Sherry auf Feldsalat

Abbildung

2 Hähnchenbrustfilets à ca. 150 g
100 ml Sojasauce
100 ml Sherry
Pfeffer
1 TL Mehl
2 EL Öl
200 g Feldsalat
150 g frische Champignons
2 Avocados
Zitronensaft
4 kleingehackte Lauchzwiebeln
3 EL Olivenöl oder Pflanzenöl
2 EL Balsamico-Essig
3 EL Sherry
2 gehackte Knoblauchzehen
Salz, Pfeffer, 1 Prise Zucker

Die Hähnchenbrustfilets waschen, trockentupfen und in Würfel schneiden.
In einer Marinade aus Sojasauce, der Hälfte Sherry und Pfeffer etwa 1 Stunde im Kühlschrank ziehen lassen.
Das Fleisch aus der Marinade nehmen, abstreifen, mit Mehl bestäuben und in heißem Fett von allen Seiten ca. 10 Minuten braten.
Kurz vor Ende der Garzeit mit dem restlichen Sherry ablöschen.
Den Feldsalat waschen, die Champignons putzen und beides für den Salat vorbereiten.
Die Avocados schälen und in Spalten schneiden; mit Zitronensaft beträufeln.
Alle Salatzutaten auf Tellern hübsch anrichten.
Aus den restlichen Zutaten eine feine Salatsauce zubereiten und den Salat damit beträufeln.
Die Hähnchenbrust in Scheiben darauflegen.

TIP! Dieses Rezept ist als Vorspeise gedacht. Dazu ofenwarmes Baguette und einen leichten Weißwein reichen.

EW	Fett	KH	kcal/J
6,5	49,5	4,7	639/2673

Putenröllchen

4 flache Putenschnitzel
Salz
weißer Pfeffer
250 g kleine Champignons
1 rote Zwiebel
1 Bund Petersilie
1 EL Öl
30 g Mehl
50 g Butter
1/8 l Geflügelbrühe

Die Putenschnitzel reinigen, trockentupfen und so flach klopfen, daß sie die Form von Rouladen haben.
Auf beiden Seiten würzen.
Die Champignons reinigen und anschließend vierteln.
Die roten Zwiebel schälen und hacken.

Die Petersilie waschen, trockenschütteln und ebenfalls hacken.
Alle drei Zutaten in heißem Öl andünsten.
Abkühlen lassen und auf die Schnitzel streichen.
Zusammenrollen und feststecken oder zubinden.
Die Röllchen in Mehl wenden und in heißer Butter etwa 20 Minuten braten.
Die Putenröllchen herausnehmen, Garn oder Spieße entfernen und warm stellen.
Den Bratensatz mit etwas Geflügelbrühe loskochen, abschmecken und über das Fleisch geben.

 Mit viel Spätzle und gemischten Salaten servieren.

EW	Fett	KH	kcal/J
33,3	48,6	7,2	601/2514

Gefüllte Truthahnrouladen

Abbildung

4 Truthahnrouladen
à ca. 150 g
je 1 TL Estragon
und Rosmarin
Salz
Pfeffer
4 dünne Scheiben Speck
4 Scheiben gekochter Schinken
4 hartgekochte Eier
2 EL Butterschmalz
etwas Instantbrühe

Die Truthahnrouladen waschen, trockentupfen und auf der Innenseite mit Estragon, Rosmarin, Salz und Pfeffer würzen.

Mit je 1 Scheibe Speck und Schinken belegen.
In die Mitte der Rouladen ein geschältes Ei geben.
Aufrollen und mit Holzspießchen zusammenstecken.
In erhitztem Butterschmalz von allen Seiten anbraten.
Danach, mit einem Deckel versehen, fertig garen.
Bei Bedarf Brühe zugießen.

TIP! Für dieses Rezept können Sie anstatt Truthahnfleisch auch Kalb- oder Rindfleisch verwenden. Als Beilage eignen sich sehr gut Blattspinat mit Pinienkernen und gebratene Kartoffelkloßscheiben.

EW	Fett	KH	kcal/J
53,8	27,2	0,3	461/1927

Puten-Rahm-Gulasch

Abbildung

250 g Zwiebeln
1 EL Butter
1 kg Putengulasch
250 g Champignons
2 Tomaten
Salz
Pfeffer
Paprikapulver
1 Prise Cayennepfeffer
1 TL grüne Pfefferkörner
1 Becher Sahne
1 EL Butter
1 EL Mehl

Die Zwiebeln schälen, hacken und in heißer Butter glasig dünsten.

Das Putengulasch hinzufügen und unter ständigem Braten bräunen.
Die Champignons mit einem feuchten Tuch abreiben und feinblättrig schneiden.
Die Tomaten blanchieren, häuten und würfeln. Beides zum Fleisch geben und einige Minuten weiter dünsten.
Mit den Gewürzen wie Salz, Pfeffer, Paprikapulver, Cayennepfeffer und grünem Pfeffer würzen.
Mit Sahne angießen.
Die weiche Butter mit Mehl verkneten und zum Binden in die Sauce rühren.
Nochmals aufkochen lassen.

TIP! Dazu schmecken Kartoffelklöße und Rosenkohlpüree.

EW	Fett	KH	kcal/J
52,4	57,3	9,3	769/3217

41

Hähnchenbrust mit Sellerie-Möhren-Püree

Abbildung

> 400 g Karotten
> 400 g Sellerie
> Salz
> Pfeffer
> 1/8 l Fleischbrühe
> 4 EL Crème fraîche
> 2 EL gehackte Mandeln
> 4 Hähnchenbrüste
> Zitronensaft
> Fett zum Braten
> 1/8 l Instantbrühe

Die Karotten und den Sellerie schälen, würfeln und mit Salz, Pfeffer in der Fleischbrühe weich garen.

Anschließend mit dem Handmixer sehr fein pürieren.
In diese Masse Crème fraîche und Mandeln untermengen und alles abschmecken.
Das Gemüsepüree warm stellen.
Die Hähnchenbrüste mit Salz, Pfeffer und Zitronensaft würzen.
In heißem Fett rundherum knusprig braten. Instantbrühe angießen und die Brüste mit einem Deckel versehen etwa 1/4 Stunde schmoren.
Die fertigen Hähnchenbrüste auf vorgewärmte Teller verteilen und mit Gemüsepüree hübsch anrichten.

 TIP! Dazu passen Blätterteiggebäck, wilder Reis und nach Belieben ein weißer Tischwein.

EW	Fett	KH	kcal/J
39,1	24,2	10,0	488/2040

Geschmorte Gänsekeulen

4 Gänsekeulen
2 Zwiebeln
4 EL Honig
1 Lorbeerblatt
1 EL Senfkörner
1 EL weiße Pfefferkörner
Salz
1 Zimtstange
1/2 l milder Weinessig
weißer Pfeffer
40 g Butter
3 EL Preiselbeergelee
1 TL Speisestärke

Die Gänsekeulen waschen und danach abtrocknen.
Die Zwiebeln schälen, fein hacken und zusammen mit dem Honig, dem Lorbeerblatt, den Senfkörnern, den Pfefferkörnern, dem Salz und der Zimtstange in dem Essig und 1/2 l Wasser aufkochen.
Die Gänsekeulen hinzugeben, so daß sie mit Flüssigkeit bedeckt sind.
Etwa 2 Stunden köcheln lassen.
Anschließend herausnehmen und trockentupfen.
Salzen, pfeffern und in heiß schäumender Butter von allen Seiten braun rösten; dann warm stellen.
Die Brühe entfetten und 1/2 Liter durch ein Sieb passieren.
Den Bratensatz damit aufgießen.
Mit Preiselbeergelee verfeinern und mit Speisestärke binden.
Zuletzt nochmals abschmecken.
Die Sauce separat zu den Gänsekeulen reichen.

 Die geschmorten Gänsekeulen mit Semmelknödeln und Rotkohl servieren.

EW	Fett	KH	kcal/J
32,5	70,5	9,1	815/3411

Putensteaks mit Pfifferlingen

4 dicke, kleine Putensteaks
Salz
weißer Pfeffer
4 Scheiben Räucherspeck
2 EL Öl
300 g Pfifferlinge
2 Schalotten
1 Knoblauchzehe
40 g Butter
Muskatnuß
1/8 l Orangensaft
100 g Crème double
4 Büschel Zitronenmelisse

Die Putensteaks reinigen, trockentupfen und mit wenig Salz und Pfeffer würzen.
Je mit einer Scheibe Speck umwickeln wie bei Tournedos und festbinden.
Das Öl stark erhitzen und die Steaks darin braten.
Nach gewünschter Bratlänge herausnehmen und warm stellen.
Die Pfifferlinge putzen, die Schalotten und den Knoblauch schälen und hacken.
In der heißen Butter braten und mit Salz, Pfeffer und Muskat würzen.
Mit Orangensaft ablöschen und mit Crème double einkochen.
Nochmals abschmecken.
Die Steaks von den Bindfäden befreien und mit der Sauce überziehen.
Mit Zitronenmelisse garnieren.

TIP! Mit Herzoginkartoffeln und einem frischen Gemüseallerlei der Saison servieren.

EW	Fett	KH	kcal/J
43,3	75,1	8,4	881/3684

Flambiertes Estragonhähnchen

2 kleine Brathähnchen
3 EL Butter
4 Schalotten
4 EL Weinbrand
1/2 l Weißwein
Salz
Pfeffer
1 TL Geflügelgewürz
250 g Champignons
20 Perlzwiebeln
2 Knoblauchzehen
1 EL Petersilie
1 EL Estragon
1 EL Zitronensaft
2 Eidotter
200 g Sahne

Die Brathähnchen in acht gleich große Portionsstücke teilen.
Zwei Eßlöffel Butter erhitzen und darin die Hähnchenteile anbraten.
Anschließend aus der Pfanne nehmen und beiseite legen.
Die Schalotten schälen und hacken.
In dem Bratenfond unter Zusatz von mehr Butter glasig schwitzen.
Hähnchenteile wieder zugeben und mit Weinbrand flambieren.
Zuletzt den Weißwein eingießen.
Salzen, pfeffern und mit Geflügelgewürz abschmecken.
Die Hähnchenteile zugedeckt etwa 1/2 Stunde schmoren lassen.
Die Champignons in Scheiben schneiden und zusammen mit den Perlzwiebeln in Butter leicht anrösten.
Gepreßten Knoblauch, gehackte Petersilie und Estragon hinzufügen.
Aus der anderen Pfanne die fertigen Hähnchen herausnehmen und warm stellen.
Den Bratenfond leicht mit Wasser lösen und mit der Kräutermischung verrühren und einkochen.
Am Schluß mit Zitronensaft, Eidottern und der Sahne verfeinern.

Die restliche Butter mit einschlagen und die Hähnchenteile in die Sauce zurücklegen.
Im Topf servieren.

TIP! Dazu paßt Reis oder Kartoffelpüree.

EW	Fett	KH	kcal/J
44,8	31,5	8,0	578/2420

Pikantes Hühnerfrikassee »à la Lindenstraße«

2 EL Butter
2 EL Mehl
1 Becher Sahne
Hühnerbrühe nach Bedarf
Salz
weißer Pfeffer
2 EL Zitronensaft
1 TL Honig
4 EL griebener Meerrettich
3/4 kg gekochtes, gewürfeltes Hühnerfleisch

Aus Butter und Mehl eine helle Schwitze zubereiten.
Mit Sahne und Brühe auffüllen und dabei kräftig umrühren.
Salzen, pfeffern und mit Zitronensaft, Honig, Meerrettich abschmecken.
Zuletzt das Hühnerfleisch hineingeben und warm werden lassen.

TIP! Beim Kochen des Hühnchens die Brühe durch ein Sieb passieren und zum Auffüllen der Mehlschwitze verwenden. Nach Belieben das Gericht mit feingehackten Mandeln erweitern, denn diese mildern die Schärfe des Meerrettichs.

EW	Fett	KH	kcal/J
41,2	30,7	11,7	479/2005

Hähnchenbrust »Lukull«

Abbildung

1 Packung tiefgekühlter
Blätterteig
4 Hähnchenbrustfilets
1 Knoblauchzehe
Salz
Pfeffer
Paprikapulver
200 g frische Champignons
200 g Blattspinat
1 Eigelb zum Bestreichen

Den Blätterteig nach Vorschrift auftauen lassen, ausrollen und zu acht Rechtecken ausschneiden.

Die Filets mit zerdrückter Knoblauchzehe, Salz, Pfeffer und Paprikapulver einreiben.
Die Champignons mit einem feuchten Tuch abreiben und fein hacken.
Den Blattspinat verlesen, putzen und in kochendem Wasser blanchieren.
Kalt überbrausen und abtropfen lassen.
Vier Teigstücke in der Mitte mit Spinat und Champignons belegen. Zuletzt die Hähnchenbrustfilets darauflegen und mit den anderen vier Teigstücken »verpacken«.
Mit verquirltem Eigelb bestreichen und in den vorgeheizten Ofen bei ca. 200 Grad schieben. Die Backzeit beträgt etwa 1/2 Stunde.

TIP! Auch Putenfleisch eignet sich gut für dieses Gericht.

EW	Fett	KH	kcal/J
41,3	21,9	25,9	465/1946

Ragout von Wildkaninchen

Abbildung Seite 46/47

ca. 1 kg küchenfertige
Kaninchenteile
Salz
Pfeffer
1 TL gemischte
Kräuter
Paprikapulver
3 EL Öl
2 Zwiebeln
4 Knoblauchzehen
1/4 l Weißwein
1 EL Mehl
1/4 l Sahne
Worcestersauce

Die Kaninchenteile waschen, trockentupfen und würzen.
Danach in heißem Fett von allen Seiten rasch anbraten.
Die Zwiebeln und die Knoblauchzehen schälen, hacken und anschließend einstreuen.
Mit Weißwein angießen und das Ganze mit einem Deckel versehen bei milder Hitze etwa 1/4 Stunde garen.
Das Mehl in der Sahne glattrühren und unter Rühren zugeben.
Ein- bis zweimal aufkochen lassen.
Zuletzt das Ragout pikant mit Worcestersauce abschmecken.

 TIP! Zu diesem Ragout schmeckt buntes Buttergemüse und Reis oder überbackene Kartoffeln.

EW	Fett	KH	kcal/J
54,9	53,2	11,0	804/3363

Rehmedaillons mit Cognaccreme

6 EL Öl
1/8 l Cognac
ein paar zerstoßene
Wacholderbeeren
je 1 TL frisch gewiegter Thymian,
Estragon und Petersilie
Pfeffer
Salz
8 Rehsteaks
1 Becher Sahne

Eine Marinade aus Öl, der Hälfte Cognac und den Gewürzen bereiten.
Die sehr gut abgelagerten Rehsteaks darin einlegen und mindesten ein paar Stunden im Kühlschrank ziehen lassen.
Eine Pfanne stark erhitzen, die Fleischstücke direkt aus der Marinade in die Pfanne legen (darauf achten, daß die Kräuter entfernt sind).
Von jeder Seite 3 bis 4 Minuten braten.
Das Fleisch soll innen noch zart rosa sein.
Die Steaks aus der Pfanne nehmen, leicht salzen und auf vorgewärmte Teller legen.
Den Bratensatz mit Cognac ablöschen, mit Sahne auffüllen und kurz einkochen lassen.
Die abgeschmeckte Sauce um die Steaks gießen.

 TIP! Mit gefüllten Äpfeln und Bratkartoffeln servieren.

EW	Fett	KH	kcal/J
57,3	54,9	11,3	783/3274

Für besondere Festtage

Hasenrücken mit Speckpflaumen
Abbildung

2 küchenfertige Hasenrücken
à ca. 3/4 kg
1/8 l Rotwein
1 Fertigmischung für Sauerbraten
1/2 TL gemahlener Ingwer
einige Wacholderbeeren
1 EL Pflaumenmus
8 Scheiben Frühstücksspeck
8 entsteinte Backpflaumen

Die küchenfertigen Hasenrücken waschen, in eine Schüssel legen und mit Rotwein übergießen; etwa 1 Stunde ziehen lassen.
Das Fleisch trockentupfen und die Marinade unter Zusatz von 1/2 l Wasser aufkochen.

Die fertige Sauerbratenmischung einrühren und zum Kochen bringen.
Mit gemahlenem Ingwer und Wacholderbeeren würzen.
Die Hasenrücken einlegen und bei zurückgedrehter Hitze etwa eine 3/4 Stunde schmoren lassen. Das fertige Fleisch herausnehmen und warm stellen.
Die Sauce mit Pflaumenmus verfeinern.
In den Speck jeweils eine entsteinte Pflaume wickeln und rundherum knusprig braten.
Das Fleisch von den Knochen lösen, in Scheiben schneiden und mit den Speckpflaumen anrichten. Die Sauce separat reichen.

TIP! Mit Kartoffeltalern, Linsengemüse und einem Pflaumenwein servieren.

EW	Fett	KH	kcal/J
11,4	20,8	14,3	290/1214

Badische Rehkeule

Abbildung

2 kg küchenfertige und
gespickte Rehkeule
Salz
Pfeffer
ca. 1 EL Wildgewürzmischung
Fett zum Braten
50 g fetter Speck
1/4 l Rotwein
1 Lorbeerblatt
einige Wacholderbeeren
1 Päckchen fertige Rahmsauce
2 EL Johannisbeergelee
1/2 geriebene Zitronenschale
1 Zwiebel
1 EL Butter
200 g Pfifferlinge
Feinwürzmittel
2 EL Crème fraîche

Die Rehkeule von eventuellen Sehnen und Häuten befreien.
Waschen, trockentupfen und mit Salz, Pfeffer und der Wildgewürzmischung einreiben.
In einem größeren Bräter in heißem Fett rundherum anbraten.
Die Speckwürfel einstreuen, einige Minuten mitbraten und mit Rotwein aufgießen.
Das Lorbeerblatt und die Wacholderbeeren hinzufügen.
Den Bräter in den vorgeheizten Ofen bei ca. 190 Grad schieben.
Die Rehkeule öfter mit der Flüssigkeit übergießen, um ein Austrocknen des Fleisches zu verhindern.
Nach etwa 1 1/2 Stunden den Bräter aus dem Ofen nehmen.
Das Fleisch warm stellen und den Bratenfond mit ca. 1/2 l Wasser aufkochen.
Etwa um 1/3 reduzieren lassen, durch ein Sieb gießen und erneut zum Kochen aufstellen.
Das Päckchen Rahmsauce, das Johannisbeergelee, die Zitronenschale und nach Bedarf nochmals Wildgewürz einrühren.
Alles fein abschmecken.

Die Zwiebel schälen und hacken.
In heißer Butter glasig schwitzen.
Geputzte Pfifferlinge einrühren und einige Minuten weiter dünsten.
Mit Feinwürzmittel, Crème fraîche und Pfeffer verfeinern.
Die Rehkeule aufschneiden, mit den Pilzen anrichten und die Sauce separat reichen.

TIP! Dazu passen Rosenkohl mit Mandeln, Rotweinbirnen mit Preiselbeerfüllung, Kartoffelplätzchen und ein schwerer, reicher Rotwein.

EW	Fett	KH	kcal/J
211,2	25,4	13,7	725/3034

Wildhaschee »Hans Beimer«

600 g Bratenreste vom Wild
1 Zwiebel
2 EL Butter
1 EL Preiselbeeren
1 EL Mehl
1/4 l übrige Wildsauce
oder Rotwein
Salz, Pfeffer
2 EL Crème fraîche

Die Bratenreste durch die feine Scheibe vom Wolf drehen oder im Küchenmixer zerkleinern, so daß eine hackfleischähnliche Masse entsteht.
Die feingehackte Zwiebel und das Fleisch in eine Pfanne mit heißer Butter geben.
Gut durchrösten, mit Mehl bestäuben und mit Sauce oder Rotwein aufgießen.
Würzen, mit Crème fraîche und Preiselbeeren verfeinern.

TIP! Mit Teigwaren und Rotwein servieren.

EW	Fett	KH	kcal/J
33,0	10,2	6,1	303/1266

Wachteln in Mirabellensauce

8 frische, bratfertige Wachteln
Salz, Pfeffer
frischer Thymian
8 Scheiben Räucherspeck
4 EL Olivenöl oder Pflanzenöl
3 EL Butter
1/2 kg Mirabellen
1/4 l Weißwein

Die Wachteln säubern, und innen mit Küchen-
papier ausreiben.
Innen und außen leicht salzen und pfeffern.
In jede Wachel einen frischen, kleinen Thy-
mianzweig hineinstecken.
Mit jeweils einer Speckscheibe umwickeln und
mit einem Spießchen feststecken.

Das Öl in einer Bratreine oder einer großen
Pfanne erhitzen und die Wachteln rundherum
gut anbraten.
Den Backofen auf ca. 220 Grad vorheizen.
Nach dem Anbraten das Fett abschütten und
die Butter dafür einsetzen.
Die reifen Mirabellen waschen, putzen, abtrop-
fen lassen und zugeben.
Das Ganze einige Minuten weiterschmoren.
Den Weißwein angießen und alles für ca. 20
Minuten im Backofen bei 200 Grad zugedeckt
schmoren lassen. Immer wieder etwas Wasser
nachgießen. Die fertige Bratensauce nochmals
abschmecken.

TIP! Dazu schmeckt ein Kartoffelgratin und
ein kräftiger Rotwein besonders gut.

EW	Fett	KH	kcal/J
8,6	62,1	21,3	868/3633

Hirschsaftbraten nach Winzerart

Abbildung

3/4 kg Hirschsaftbraten ohne Knochen
1/2 l Rotwein
1 EL Wacholderbeeren
1 EL schwarze Pfefferkörner
2 Lorbeerblätter
1 große Zwiebel
100 g durchwachsener Speck
2 EL Fett
3 EL Hagebuttenmus
200 g blaue Weintrauben

Das Fleisch in eine Schüssel legen.
Rotwein mit zerdrückten Wacholderbeeren,
Pfefferkörnern, Lorbeerblättern und Zwiebelringen vermischen.

Diese Marinade über das Fleisch gießen und zugedeckt im Kühlschrank etwa 1 Tag ziehen lassen.
Anschließend herausnehmen und trockentupfen.
Den Speck würfeln und in erhitztem Fett glasig schwitzen.
Das Fleisch einlegen und von allen Seiten kräftig anbraten.
Mit Marinade angießen und den Braten abgedeckt bei geringer Hitze etwa 1/2 Stunde schmoren lassen.
Das fertige Fleisch herausnehmen und warm stellen.
Die Sauce durch ein Sieb gießen, etwas einkochen lassen und mit Hagebuttenmus verrühren.
Die Weintrauben waschen, halbieren und entkernen.
Zur Sauce hinzufügen, nochmals abschmecken und separat zum Hirschbraten servieren.

TIP! Dazu frische Pfifferlinge und über-backene Kartoffelröschen servieren.

EW	Fett	KH	kcal/J
47,2	33,3	25,3	589/2463

Schmeckt mir besonders gut nach einer Rotwein-wanderung an der Ahr.

Ausgebackene Tauben

4 Tauben
Salz, weißer Pfeffer
Fritierfett
1 Ei
100 g geriebener Parmesan
200 g Paniermehl
1 Bund Petersilie
1 Zitrone

Die Tauben reinigen, trockentupfen und hal-bieren.
Das Rückgrat abtrennen und gerade noch so viel weitere Knochen entfernen, daß die Tau-benhälften zusammenhängen; würzen.
Das Fritierfett in der Friteuse anheizen.
Das Ei aufschlagen, den Parmesan mit dem Paniermehl und der gehackten Petersilie mischen.
Die Taubenhälften erst in Ei und dann in der Panade wenden und heiß ausbacken.
Auf Haushaltspapier abtropfen lassen und mit Zitronenspalten garnieren.

TIP! Ein knackiger Kopfsalat und frisches Weißbrot passen ausgezeichnet dazu.

EW	Fett	KH	kcal/J
37,8	33,7	36,9	606/2536

Wildentenrisotto

2 küchenfertige Wildenten
Salz
Pfeffer
2 EL Butter
4 EL Olivenöl oder Pflanzenöl
1 Zwiebel
2 Knoblauchzehen
100 g Risottoreis
1/4 l Geflügelbrühe
4 Tomaten
100 g gekochter Schinken
2 EL geriebener Käse
1/8 l Weißwein

Die Wildenten reinigen, trockentupfen und mit Salz und Pfeffer würzen.
In der Butter und der Hälfte des Öls scharf anrösten und rosa braten (ca. 20 Minuten).
Die Zwiebel und den Knoblauch schälen, wür-feln und in dem restlichen Öl andünsten.
Den Reis mehrmals waschen, dazugeben und glasig schwitzen.
Mit Geflügelbrühe aufgießen.
Die Tomaten überbrühen, kalt abbrausen, häu-ten und entkernen.
Anschließend in Viertel schneiden.
Den gekochten Schinken würfeln.
Die Wildenten aus der Pfanne nehmen, das Fleisch vorsichtig von den Knochen lösen und in mundgerechte Stücke schneiden.
Das Fleisch nun zusammen mit dem Schinken, den Tomaten und dem geriebenen Käse zum Reis geben.
Den Bratensatz mit dem Weißwein ablöschen und ebenfalls zum Risotto geben.
Gut umrühren.
Nach etwa 10 Minuten den Topf beiseite stellen und das Ganze vor dem Servieren noch etwas ruhen lassen.

TIP! Eine ungewöhnliche Kombination von ganz besonderem Geschmack. Dazu kann nur ein edler Wein passen.

EW	Fett	KH	kcal/J
64,4	61,7	24,4	1120/4686

Hasenkeulen Jägerart

Abbildung

4 Hasenkeulen
Salz
Pfeffer
Wildgewürzmischung
100 g durchwachsener
Speck
2 EL Öl
3/8 l Rotwein
4 Karotten
1 Stange Lauch
300 g Champignons
4 Tomaten
3 EL Wildfond
3 EL Crème double
1 EL Butter
1 kleines Glas Weißwein
1 TL Kräutermischung

Fleisch mit Küchenkrepp trockentupfen, mit Salz, Pfeffer und Gewürzmischung einreiben. Den Speck würfeln; in erhitztem Öl bräunen. Fleisch zugeben und rundherum anbraten. Rotwein angießen, den Topf verschließen und das Fleisch ca. 20 Minuten schmoren lassen. In der Zwischenzeit die Karotten schälen und in feine Stifte schneiden.
Den Lauch putzen und in Ringe schneiden. Die Champignons mit einem Tuch abreiben und feinblättrig schneiden. Die Tomaten blanchieren, kalt abbrausen, häuten und würfeln.
Die Hälfte des Gemüses zum Fleisch geben, eine weitere 1/2 Stunde bei geringer Hitze schmoren lassen. Anschließend das Fleisch herausnehmen und warm stellen.
Die Sauce pürieren und mit Wildfond und Crème double verfeinern und abschmecken. Das restliche Gemüse kurz in heißer Butter schwenken, Weißwein zugießen und ca. 5-8 Minuten garen.

Das Gemüse mit den Kräutern und Gewürzen abschmecken und mit den Keulen servieren.

 TIP! Dazu schmecken in Scheiben geschnittene und kurz in der Pfanne gebratene Speckknödel.

EW	Fett	KH	kcal/J
49,5	40,9	7,2	686/2870

Hasenpaprika

1 kg Hasenfleisch von der Schulter
150 g Räucherspeck
1 EL Fett
2 Zwiebeln
1 TL Rosenpaprika
Salz
2 Paprikaschoten
1 Tomate
1/8 l Rotwein
0,1 l saure Sahne
1 EL Mehl
Pfeffer

Das Fleisch (ohne Knochen) in gulaschgroße Würfel schneiden und kurz blanchieren.
Den kleingewürfelten Speck in dem Fett glasig rösten und herausnehmen, die Zwiebelscheiben dünsten, mit Paprika überpudern und das Fleisch zugeben. Mit 1/8 l Wasser auffüllen, salzen und die kleingeschnittenen Paprikaschoten und die Tomate zugeben.
Das Ganze bei mittlerer Hitze zugedeckt eine Stunde garen lassen. In der Zwischenzeit den Rotwein zugießen und öfter umrühren.
Die saure Sahne mit Mehl glattrühren und zuletzt einrühren. Nochmals aufkochen lassen, abschmecken und in einer Schüssel garniert mit dem gerösteten Speck anrichten.

TIP! Knödel oder Kartoffeln passen am besten dazu.

EW	Fett	KH	kcal/J
59,7	39,7	15,6	646/2702

Rebhuhnragout

3 junge Rebhühner
Salz
Pfeffer
zerstoßene Wacholderbeeren
Butter
1 mittlere Zwiebel
100 g fetter Schinken
1 Bund Suppengrün
1/4 l Rotwein
Thymian
Estragon
2 Lorbeerblätter
Rosmarin
1/4 l Sahne
2 EL Crème fraîche

Die vorbereiteten, ausgenommenen Rebhühner vierteln; innen und außen mit Salz, Pfeffer und Wacholder würzen.
In heißer Butter mit der gehackten Zwiebel und dem feingeschnittenen Schinken leicht bräunen.
Den kleingewürfelten Bund Suppengrün beigeben, mit etwas Wein begießen; Thymian, Estragon, Lorbeerblätter und Rosmarin zugeben und den Topf mit einem Deckel abschließen.
Die Rebhühner öfter wenden und dabei mit Wein ablöschen.
Die Garzeit beträgt bei mittlerer Hitze ca. 50 Minuten.
Rebhühner aus der Sauce nehmen und warm stellen.
In der Zwischenzeit die Sauce passieren, mit Sahne und Crème fraîche einkochen, abschmecken.
In einer Fleischschüssel (Porzellanschüssel) das Ragout anrichten.

TIP! Mit Ananaskraut und Kartoffelbrei servieren. Als Getränk eignet sich Bier oder auch ein herber Weißwein aus Franken.

EW	Fett	KH	kcal/J
58,4	40,3	3,6	656/2745

Gefüllte Täubchen

4 bratfertige Tauben mit
Leber und Herz
Salz, Pfeffer
4 Brötchen vom Vortag
1/4 l heiße Milch
1 Zwiebel
50 g Butter
2 EL gehackte Petersilie
2 Eier
2 EL Rosinen
2 EL gehackte Mandeln
3 EL Öl
1 Karotte
1/4 l heiße Brühe
1/8 l saure Sahne

Die Täubchen waschen und trockenreiben; innen und außen würzen. Die Brötchen grob würfeln und mit heißer Milch übergießen.
Die Zwiebel schälen und hacken.
Die Herzen und Lebern ebenfalls klein hacken. In heiß schäumender Butter die Zwiebelwürfel glasig dünsten; Lebern und -herzen hinzufügen. Mit Petersilie bestreuen und kurz dünsten.
Den gesamten Pfanneninhalt über die gut ausgedrückten Brötchen geben. Mit Eiern, Rosinen und Mandeln vermischen; abschmecken.
Die gewürzten Täubchen mit der Masse füllen und zunähen oder mit Spießchen zustecken.
Die Tauben in einem gefetteten Topf auf dem Herd von allen Seiten anbraten und bei 220 Grad im vorgeheizten Ofen weiterbraten.
Die geschnittene Karotte zugeben und nach und nach die Brühe zugießen.
Nach ca. 1 Stunde Bratzeit können Sie die Tauben aus dem Topf nehmen, der Länge nach schneiden und je zwei Hälften auf einem vorgewärmten Teller anrichten.
Die Sauce passieren, abschmecken und mit saurer Sahne verfeinern.

TIP! Dazu passen frische Gemüse und Weißwein.

EW	Fett	KH	kcal/J
62,7	54,2	5,8	920/3850

Kaninchen in Senfsauce

1 Kaninchen (zerteilt)
Öl
Butter
Salz
5 EL scharfer Senf
2 große Schalotten
2 Knoblauchzehen
1/4 l trockener Weißwein
1 TL Estragon
schwarze und graue Pfefferkörner
ca. 1 l Hühnerbouillon
1/4 l Sahne

Kaninchenteile (ohne Rücken) in der Pfanne in einer Mischung aus Öl und Butter langsam anbraten und dabei bereits kräftig salzen.
Das Fleisch herausnehmen, leicht abkühlen lassen, mit Senf einstreichen und in einen Schmortopf legen.
In der Pfanne feingehackte Schalotten und Knoblauchzehen in neuer Butter leicht anbraten und mit dem Wein ablöschen.
Die Flüssigkeit etwas einkochen lassen, über die Kaninchenstücke geben.
1 Teelöffel Estragon zerreiben und zum Fleisch streuen. Schwarzen und grauen Pfeffer im Mörser zerstoßen und 1 Teelöffel davon ebenfalls über das Fleisch verteilen.
Den Topf mit der Hühnerbouillon auffüllen, so daß die Fleischstücke zur Hälfte in der Flüssigkeit liegen.
Auf den Boden des auf 200 Grad vorgeheizten Backofens stellen und ca. 1 Stunde schmoren.
Alle 15 Minuten das Fleisch wenden.
Wenn das Fleisch gar ist, herausnehmen und 1/4 l Sahne in den Schmorsaft geben.
Kaninchenteile zurück in den Schmortopf geben und gut würzen.

TIP! Dazu passen Reis, gekühlter Weißwein und frische Salate.

EW	Fett	KH	kcal/J
57,0	53,4	7,1	799/3341

Gefüllte Wildente

2 junge Wildenten
Salz, Pfeffer
Majoran
150 g frische Champignons
1 Zwiebel
1 EL Butter
2 EL gehackte Petersilie
150 g gemischtes Hackfleisch
Fett zum Braten
1/4 l Rotwein
1 TL Stärkemehl

Die vorbereiteten Wildenten waschen und abtrocknen. Innen und außen mit Salz, Pfeffer und Majoran einreiben.
Die Champignons mit einem feuchten Tuch abreiben und feinblättrig schneiden.
Die Zwiebel schälen und hacken.
In heißem Fett die Zwiebelwürfel glasig schwitzen. Champignons und Petersilie einstreuen. Nach einigen Minuten das Hackfleisch mitbraten. Salzen und pfeffern.
Die beiden Enten mit dieser Masse füllen.
Mit einem Zwirn zunähen oder mit Spießchen zustecken. Anschließend Fett in einem Bräter erhitzen.
Die Enten mit der Brustseite nach unten in die heiße Reine setzen.
Von allen Seiten anbraten und in den vorgeheizten Ofen bei etwa 220 Grad schieben.
Öfter mit Rotwein, zum Schluß mit dem eigenen Bratsaft begießen.
Die Brautdauer beträgt ca. 1 1/2 Stunden.
Fertige Enten portionieren und warm stellen.
Den Bratfond mit wenig Wasser glattrühren und mit Stärkemehl binden.
Nochmals abschmecken und die »Entensauce« separat reichen.

 Dazu passen Klöße und Rotkohl. Im Vergleich zu manch anderem Geflügel sollte die Wildente immer frisch verwendet werden und nicht »abhängen«.

EW	Fett	KH	kcal/J
54,3	61,1	5,1	916/3832

Hasenrückenfilet auf Rösti

500 g Hasenrückenfilets
1 Zwiebel
100 g Frühstücksspeck
2 EL Öl
Salz
Pfeffer
1 TL Wildgewürz
1 EL Mehl
1 kleines Glas Weißwein
2 cl Weinbrand
4 tiefgekühlte Röstis
Fett zum Braten
2 reife Birnen
1 Becher Crème fraîche
1/2 Packung Kräuterfrischkäse

Das Fleisch trockentupfen und in Streifen schneiden. Die Zwiebel schälen und hacken.
Den Speck fein würfeln.
Das Öl in einer Pfanne erhitzen und Zwiebelwürfel darin glasig dünsten.
Speckwürfel und Fleischstreifen einstreuen; kurz mitbraten. Salzen, pfeffern und mit Wildgewürz abschmecken.
Mit Mehl bestäuben und mit Weißwein und Weinbrand angießen.
Einige Male aufkochen lassen.
Nebenbei die Röstis in ausreichend Fett knusprig und goldbraun backen.
Das Schnetzelgericht auf den gebratenen Röstis verteilen.
Die Birnen schälen, vierteln, entkernen und in Spalten schneiden.
Das Fleisch damit sternförmig belegen.
Crème fraîche mit Frischkäse verrühren und löffelweise daraufsetzen.
In den vorgeheizten Backofen bei ca. 240 Grad schieben und überbacken.

 Mit frischen Salaten und glasierten Maronen servieren.

EW	Fett	KH	kcal/J
33,4	69,3	21,1	763/3192

Pfeffriges Hüftsteak

Abbildung Seite 58/59

4 Hüftsteaks
Salz
weißer, grüner und roter Pfeffer
Fett zum Braten

Die Steaks von beiden Seiten würzen, dabei
die zerstoßenen Pfefferkörner etwas
andrücken. Das Fett in einer schweren Pfanne
stark erhitzen.
Die Steaks darin von beiden Seiten scharf
anbraten und je nach Geschmack die Braten-
länge bestimmen.

TIP! Mit Folienkartoffeln, Kräuterquark und
knackigen Salaten servieren.

EW	Fett	KH	kcal/J
41,2	30,4	–	438/1832

Kalbsbraten mit Frühlingszwiebeln und Möhren
Abbildung

1 Kalbsnuß von ca. 1,5 kg
150 g fetter Speck
Pfeffer
40 g Butterschmalz
Salz
1/4 l heiße Brühe
1 TL getrockneter Thymian
1 kleines Lorbeerblatt
20 weiße Pfefferkörner
2 Bund Frühlingszwiebeln
300 g Möhren
1 Becher Crème fraîche
2 Bund glatte Petersilie

Die Kalbsnuß in Fleischfaserrichtung mit dünnen Speckstreifen spicken.

Das Fleisch mit Pfeffer würzen.
In heißem Butterschmalz rundherum anbraten
und salzen.
Mit heißer Brühe angießen.
Den Thymian, das Lorbeerblatt und die Pfeffer-
körner hinzufügen.
Danach den geschlossenen Topf im vorge-
heizten Backofen bei ca. 180 Grad knappe
2 Stunden garen.
Die geputzten Frühlingszwiebeln und Möhren in
fingerlange Stücke schneiden.
Aber erst in der letzten 1/2 Stunde mitgaren
lassen.
Das fertige Gemüse herausnehmen und warm
stellen.
Den Bratenfond durch ein sehr feines Sieb
passieren.
Im Anschluß nochmals einige Male aufkochen
lassen.
Mit Crème fraîche verfeinern.
Das Fleisch in Scheiben schneiden und auf
eine große Platte legen.
Anschließend rundherum mit dem Gemüse
garnieren.
Mit Sauce überziehen und die Petersilienblätt-
chen daraufgeben.

TIP! Ein feines Sonntagsessen, das mit
Petersiliekartoffeln und mit frischen
Salaten besonders gut schmeckt.
Fleisch enthält viel lebensnotwendiges
Eiweiß, das der Körper dringend
benötigt.

EW	Fett	KH	kcal/J
83,9	49,2	10,0	965/4035

Festtagsbraten für meine
Schulfreundinnen aus
Hattingen

Filettopf mit Spätzle

800 g Schweinefilet
Fett zum Braten
2 mittlere Zwiebeln
200 g frische Champignons
oder Pfifferlinge
1/8 l Weißwein
Salz, Pfeffer
1 Becher Sahne
500 g Spätzle
50 g Butter für die Spätzle
2 EL saure Sahne

Das von Sehnen und Häuten befreite Schweinefilet in gleichmäßige Streifen schneiden. Die Filetstreifen in heißem Fett rasch von allen Seiten braten und halbdurch auf einen Teller legen (möglichst an einem warmen Platz).

In dieselbe Pfanne noch etwas Fett geben und die kleingeschnittenen Zwiebelwürfel glasig dünsten. Champignonscheiben hinzufügen und weiter garen. Sobald der Pilzsaft eingesogen ist, mit Weißwein ablöschen.
Etwas einkochen lassen, mit den Gewürzen abschmecken und mit Sahne verfeinern.
Die Spätzle in heißer Butter schwenken.
Kurz vor dem Servieren die Filetstreifen in der Sauce durchschwenken.
Die Spätzle in einen Suppentopf geben, mit einer Schöpfkelle das Fleisch und die Sauce darüber verteilen.
Zum Schluß mit saurer Sahne überziehen.

TIP! Dazu paßt ein gemischter Salat und Weißwein.

EW	Fett	KH	kcal/J
56,9	53,6	909,3	1085/4540

Lausitzer Kümmelbraten

Abbildung

1 kg Schweinerollbraten aus
dem Nacken
Salz, Pfeffer, Kümmel
1/2 l Export-Bier
Öl zum Braten
2 Zwiebeln
1 Karotte
1 Stück Sellerie
1 Stange Lauch
1 Lorbeerblatt

Das Fleisch salzen, pfeffern und mit Kümmel einreiben. In einen engen Topf legen und mit Bier begießen. Den Schweinehals abgedeckt etwa 12 Stunden marinieren lassen.

Anschließend herausnehmen, abtrocknen und in heißem Öl rundherum anbraten.
Zwiebeln, Karotte und Sellerie schälen.
Alles in kleine Würfel schneiden.
Den Lauch längs halbieren, putzen und passend zum anderen Gemüse schneiden.
Mit dem Lorbeerblatt zum Fleisch geben.
Mit Bier ablöschen, nach Belieben noch Kümmel hinzufügen und das Fleisch in den vorgeheizten Backofen bei ca. 200 Grad für etwa 1 1/4 Stunden schieben.
Öfter mit dem Bratensaft begießen.
Das fertige Fleisch aus dem Bräter nehmen und das Gemüse im Bratenfond pürieren.
Die Sauce nochmals abschmecken.

TIP! Dazu schmecken Kartoffelknödel, Export-Bier und Sauerkraut.

EW	Fett	KH	kcal/J
48,3	53,3	7,0	744/3114

Kalbssteaks mit Morchelsauce

Abbildung

10 g getrocknete Speisemorcheln
1/4 l lauwarmes Wasser
40 g Butter
Salz, Pfeffer
Saft von 1/2 Zitrone
2 EL Weinbrand
1/4 l Sahne
4 Kalbssteaks à ca. 200 g
20 g Butterschmalz
weißer Pfeffer
ca. 3 TL Cream Sherry

Die Morcheln mit lauwarmem Wasser begießen und ca. 1 1/2 Stunden einweichen.

Die Morcheln nochmals abwaschen, da sie oft sehr sandig sind. Trockentupfen und nach Belieben kleiner schneiden. Fett erhitzen und die Morcheln darin etwa 5 Minuten dünsten. Mit Salz, Pfeffer und Zitronensaft würzen. Den Weinbrand angießen, etwas Sahne zufügen und die Sauce einkochen.
Im Wechsel die restliche Sahne und das Morchelwasser eingießen. Zuletzt nochmals abschmecken und beiseite stellen.
Die Kalbssteaks in heißem Butterschmalz von jeder Seite einige Minuten braten; würzen.
Die Morchelsauce mit Sherry abschmecken und die Steaks damit überziehen.

TIP! Dazu passen Kartoffelkroketten und ein Gemüsepotpourri frisch vom Markt.

EW	Fett	KH	kcal/J
43,2	32,7	5,8	538/2249

Rippchen auf Rieslingkraut

1 Zwiebel
etwas Fett
50 g Speck
2 große Äpfel
1/4 l Riesling (Weißwein)
Salz
Zucker
einige Wacholderbeeren
750 g Sauerkraut
4 Scheiben Kassler (knapp 1 kg)

Die feingeschnittenen Zwiebelscheiben in Fett zusammen mit den Speckwürfeln leicht andünsten.
In dünne Scheiben geschnittene Äpfel hinzufügen, andünsten, mit etwas Weißwein ablöschen, Gewürze hinzufügen und das Kraut untermengen.
Mit ca. 1/2 l Wasser und dem restlichen Weißwein auffüllen.
Im geschlossenen Topf bei mäßiger Hitze zwischen einer 3/4 bis 1 Stunde gar dünsten.
Die Rippchen nach der Hälfte der Garzeit auf das Kraut obenauflegen.
Öfter mit Krautflüssigkeit übergießen.

 Dazu paßt Kartoffelbrei.

EW	Fett	KH	kcal/J
55,5	54,8	14,2	815/3408

Saure Kalbsleber

600 g Kalbsleber
1 feingehackte Zwiebel
50 g Butter
2 EL Mehl
1/4 l Brühe
1/8 l Sahne
Saft von 1/2 Zitrone
1 Prise Zucker
Salz

Die Kalbsleber waschen, häuten, wobei es sich empfiehlt, die Leber über Nacht in kalte Milch zu legen (eine deutliche Geschmacksverbesserung).
Die vorbereitete Leber schnetzelartig schneiden und mit der gehackten Zwiebel in Butter andünsten.
Die Leber nimmt dabei eine gräuliche Farbe an. Wenn kein Blut mehr austritt, mit Mehl bestäuben und leicht rösten.
Das Fleisch aus der Pfanne nehmen.
Die Brühe in die Pfanne gießen und anschließend alles zusammen ein paar Minuten leicht köcheln lassen.
Sahne und Zitronensaft zugießen.
Alles leicht erhitzen und mit den Gewürzen abschmecken.
Die Leber zufügen und zuletzt leicht durchschwenken.

 Reis und gemischte Salate passen hervorragend. Leber darf erst nach dem Braten gesalzen werden, da sie sonst hart wird.

EW	Fett	KH	kcal/J
30,7	26,2	13,5	390/1631

Gefüllte Schweinekoteletts mit Pilzen

Abbildung

1 Brötchen vom Vortag
50 g Salami
4 EL Butterschmalz
1 Zwiebel
500 g Champignons
1 Eigelb
Salz
Pfeffer
1 Bund glatte Petersilie
4 dicke Schweinekoteletts
2 EL halbtrockener Sherry
1/8 l Sahne
1/2 TL Zitronensaft

Das Brötchen in kaltem Wasser gut einweichen.
Die Salami häuten, klein würfeln und in einem
Eßlöffel Butterschmalz schön knusprig anbraten.
Die Zwiebel schälen, hacken und zur Salami
streuen. Die Champignons gründlich waschen,
abtrocknen und die Hälfte der gesäuberten
Pilze hacken.
In die Pfanne geben und solange dünsten bis
die Pilzflüssigkeit verdampft ist.
Den leicht abgekühlten Pfanneninhalt mit dem
ausgedrückten Brötchen und dem Eigelb ver-
mengen.
Salzen und pfeffern.
Die Petersilie waschen, hacken und die Hälfte
in die eben gefertigte Masse geben.
In die Schweinekoteletts Taschen schneiden
und die Füllung darin verteilen.
Zunähen oder mit Hölzchen zustecken.

In heißem Butterschmalz von jeder Seite kräftig
anbraten.
Salzen, pfeffern und warm stellen.
Die restlichen Champignons feinblättrig schnei-
den und mit Zusatz von Schmalz im Bratensatz
braten.
Mit Sherry ablösen und einkochen lassen.
Die Sahne zugießen und aufkochen.
Salzen, pfeffern und mit Zitronensaft ab-
schmecken.
Zum Abschluß die restliche gehackte Petersilie
einstreuen.

 Die Schweinekoteletts kann auch der
Metzger schon küchenfertig herrichten.
Mit Kartoffelbrei und grünen Speckboh-
nen servieren.

EW	Fett	KH	kcal/J
66,3	44,2	9,9	585/2446

Filetsteak mit Sherrysabayon und Blumenkohl-Möhren-Gemüse

Abbildung

> 1 Blumenkohl
> 300 g Möhren
> Salz
> 4 Rinderfiletscheiben
> 4 EL Butterschmalz
> 1 Msp Cayennepfeffer
> 3 Eidotter
> 1/4 l Fleischbrühe
> 1/8 l trockener Sherry
> Pfeffer
> Saft von 1/2 Zitrone
> 1 Schuß Worcestersauce
> 1 Bund Schnittlauch

Den Blumenkohl putzen, in kleinen Röschen teilen und waschen.
Die Möhren waschen und in ca. 1 cm große Würfel schneiden.
Das gesamte Gemüse etwa acht Minuten in kochendem Salzwasser garen, kalt abbrausen und gut abtropfen lassen.
Das Fleisch in zwei Eßlöffel heißem Butterschmalz beidseitig rosa braten.
Salzen und pfeffern.
In Alufolie einschlagen und warm stellen.
Die Eidotter mit etwas Salz verrühren.
Mit dem Handrührer im Wasserbad schaumig schlagen.
Die Fleischbrühe mit dem Sherry mischen und im dünnen Strahl dazufließen lassen.
Dabei ständig weiterrühren bis eine luftig-cremige Sauce entstanden ist.
Salzen, pfeffern und mit Zitronensaft und Worcestersauce abschmecken.
Das abgetropfte Gemüse in Butterschmalz schwenken, salzen und pfeffern.
Den Schnittlauch fein hacken und über das fertige Gemüse streuen. Die Filetsteaks auf vier vorgewärmte Teller legen, mit Sherrysabayon übergießen und das Gemüse daneben anrichten.

 Mit Kartoffelgratin und einem Roséwein servieren. Zu einer ausgewogenen Ernährung gehören Fleisch und Gemüse.

EW	Fett	KH	kcal/J
66,7	24,4	19,3	522/2183

Saures Schweinefleisch

> 1 Schweinshaxe
> 1/2 kg Schweinebraten
> 1/4 Sellerieknolle
> 4 Karotten
> 1 Zwiebel
> 1 Stange Lauch
> 2 Lorbeerblätter
> einige Pfefferkörner, Salz
> 1 Prise Zucker
> 1/4 l Essig
> 1/2 Bund gehackte Petersilie

Die Schweinshaxe und das Stück Schweinefleisch waschen. In einen großen Topf legen und mit ca. 2 l kaltem Wasser übergießen.
Das Gemüse wie Sellerie, Karotten, Zwiebel und Lauch putzen und in gleichmäßige Streifen oder Rauten schneiden, in den Topf geben.
Lorbeerblätter, Pfefferkörner, Salz, Zucker und Essig einrühren. Das Ganze für etwa 1 1/2 bis 2 Stunden mild köcheln lassen.
Das fertige Fleisch aus der Suppe nehmen, portionieren und in einen Porzellanschüssel legen. Mit Suppe begießen und das Gemüse darauf anrichten.
Mit gehackter Petersilie garnieren.

 Dazu passen Kartoffeln. Fleisch ist ein hervorragender Vitaminlieferant, insbesondere für Vitamine der B-Gruppe.

EW	Fett	KH	kcal/J
31,7	41,3	5,8	522/2184

Geschmorter Ochsenschwanz

1 kg Ochsenschwanz
Salz
1 Bund Suppengrün
1 Zwiebel
2 Wacholderbeeren
1 Lorbeerblatt
1 EL Fett
1 EL Mehl
1 EL Zucker
1/8 l Rotwein
1/8 l Sahne

Den Ochsenschwanz vom Metzger schon in Stücke hacken lassen und in ca. 2 l Wasser etwa 2-3 Stunden garen.
Den Bund Suppengrün und die Zwiebel grob zerkleinern und zusammen mit den Wacholder-beeren und dem Lorbeerblatt zum Fleisch geben.

Kurz vor Ende der Garzeit aus Fett und Mehl eine dunkle Schwitze (eine Einbrenne) zube-reiten.

Zucker in Fett hellgelb bräunen, mit Mehl bestäuben, rösten und mit der passierten Och-senschwanzbrühe ablöschen (nicht mehr als 1/2 l verwenden, da die Sauce sonst zu wäßrig wird).

Rotwein zur geschmacklichen Verbesserung zugießen.

Das Fleisch von den Knochen lösen, gleich-mäßig schneiden und mit der passierten und mit Sahne verfeinerten Sauce servieren.

TIP! Dazu passen Kartoffelplätzchen und Paprikagemüse.

EW	Fett	KH	kcal/J
51,7	40,5	7,4	623/2607

Königsberger Klopse mit Kaperntunke

Abbildung

1 altes Brötchen
1 Zwiebel
300 g Hackfleisch vom Schwein
300 g Hackfleisch vom Rind
Salz, Pfeffer
1 Lorbeerblatt, 3 Nelken
3 Wacholderbeeren
50 g Butter, 50 g Mehl
50 g Kapern
1/2 Becher Sahne
2 Eigelb
Saft von 1 Zitrone
1 Prise Zucker
Worcestersauce nach Belieben

Das Brötchen in Wasser einweichen und sehr gut ausdrücken. Zwiebel schälen und hacken. Beide Hackfleischsorten, das Brötchen, die Zwiebelwürfel, gewürzt mit Salz und Pfeffer verkneten. Kleine Bällchen daraus formen. Salz, Lorbeerblatt, Nelken und Wacholderbeeren in kochendes Wasser zugeben. Bällchen zugeben und in etwa 20 Minuten bei zurückgedrehter Hitze garen. In einem anderen Topf aus Butter und Mehl eine helle Schwitze zubereiten. Mit durchpassierter Klopsbrühe auffüllen. Kapern zufügen und vermischte Eier-Sahne einrühren. Nicht mehr kochen! Mit den restlichen Zutaten abschmecken.

TIP! Mit Petersiliekartoffeln, sauren Gurken und Roter Beete servieren.

EW	Fett	KH	kcal/J
34,8	46,5	17,4	672/2812

Frikadellen

> 800 g gemischtes Hackfleisch
> 2 eingeweichte alte Brötchen
> 3 Eier
> 1 gehackte Zwiebel
> 3 EL gehackte Petersilie
> Salz
> nach Belieben Pfeffer
> Majoran
> Muskat
> Basilikum
> Thymian
> 50 g Butterschmalz

Das Hackfleisch mit den ausgedrückten Brötchen, Eiern und allen Würzmitteln gut verarbeiten (sollte die Masse etwas »naß« sein, mit Mehl bestäuben oder einige Brotkrumen zugeben).
Sollte die Masse umgekehrt einmal zu trocken sein, mit einem Ei oder einem zusätzlichen nassen Brötchen nachhelfen.
Mit den Händen anschließend flache Frikadellen formen.
Diese dann in heißem Butterschmalz schön knusprig braten.

 Kartoffeln und gemischten Salat dazu reichen. Die Frikadellen schmecken mit Senf auch kalt hervorragend.

EW	Fett	KH	kcal/J
11,2	21,5	14,8	299/1250

Gebratene Kalbshaxe

> 1 mittelgroße Kalbshaxe
> Salz
> Paprika
> Pfeffer
> 50 g Fett
> 0,2 l Wasser
> 1 kleiner Bund Suppengrün
> (Karotte, Sellerie, Zwiebel,
> Petersilienwurzel)

Die Kalbshaxe würzen und in heißem Fett rasch von allen Seiten anbraten.
In den auf 200 Grad vorgeheizten Ofen schieben; geschnittenes Gemüse beigeben und öfter mit dem Wasser ablöschen.
Die Bratzeit ist abhängig von der Größe der Haxe, jedoch maximal 2 Stunden.
Die Kalbshaxe im ganzen mit Knochen anrichten und die abgeseihte und abgeschmeckte Sauce separat servieren.

TIP! Frisches Bauernbrot und Kartoffelsalat als Beilage reichen.

EW	Fett	KH	kcal/J
4,4	12,8	0,2	310/1296

Rindfleisch in Essig und Öl

> 500 g gekochtes Rindfleisch
> Brühe und Kräuter
> 4 EL Essig
> 4 EL Öl
> 1-2 Zwiebeln
> 1 Essiggurke
> Petersilie oder Schnittlauch

Das Rindfleisch kann verschieden geschnitten werden.
Es kommt auf die Reste an, ob Sie normale Scheiben oder Streifen schneiden.
Aus Brühe, Essig, Öl, Zwiebelringen und Gurkenstreifen eine Marinade fertigen und über die portionierten Teller gießen.
Abschließend mit Petersilie oder Schnittlauch bestreuen.

TIP! Manchmal kann es passieren, daß Suppenfleisch übrigbleibt. Für solche Gelegenheiten ist dieses Rezept gedacht.

EW	Fett	KH	kcal/J
24,7	27,9	2,3	359/1500

Rinderrouladen »Onkel Franz«

4 dünne Scheiben Rindfleisch
(vom Schlegel oder der Lende)
Salz
Pfeffer
etwas scharfer Senf
100 g geräucherter Speck
2 Zwiebeln
3 EL gehackte Petersilie
etwas Majoran
100 g Fett zum Dünsten
Wurzelwerk (Karotte, Sellerie, Lauch)
1 EL Mehl
1/8 l Sahne

Die dünnen Fleischscheiben (schon vom
Metzger schneiden lassen) salzen und pfeffern,
nach Belieben dünn mit scharfem Senf bestreichen. Den geräucherten Speck und die Zwiebeln fein hacken und zusammen mit der Petersilie und etwas Majoran in einem Teil vom Fett
dünsten.
Diese Fülle auf die Fleischtranchen streichen,
aufrollen und mit einem Spieß (oder Hölzchen)
zusammenstecken oder mit einem Bindfaden
umwickeln.
Die Rinderrouladen von allen Seiten anbraten,
kleingeschnittenes Wurzelwerk (Karotte, Sellerie, Lauch) mitrösten und mit 1/2 l Flüssigkeit
(Wasser oder Brühe) seitlich aufgießen.
Im geschlossenen Topf bei mäßiger Hitze
1 1/2 bis 2 Stunden schmoren.
Die gegarten Rouladen aus der Sauce nehmen,
die Hölzchen entfernen und auf vorgewärmten
Tellern anrichten.
Die Sauce passieren, eine Tasse davon ab-
nehmen und damit das Mehl glattrühren (sonst
Klümpchenbildung) und in den Topf zurückge-
ben.
Damit die Sauce sämiger wird, können Sie die
Rouladen auch vor dem Anbraten schon in
Mehl wenden.
Nochmals aufkochen lassen und abschmecken.
Mit Sahne verfeinern und um die Rouladen
gießen.

TIP! Nach Belieben andere Fleischsorten
verwenden.

EW	Fett	KH	kcal/J
35,7	61,5	6,0	720/3012

Schweinebraten mit Grünkernfüllung

Abbildung

1 kg Schweineschulter
1 EL Grünkern
1 EL Grünkernschrot
1/8 l Gemüsesaft
1 gekochte Kartoffel
1 Ei
1 EL gehackte Kräuter
1 TL grüner Pfeffer
Salz
Pfeffer
Paprikapulver
50 g Fett zum Braten

Für die Sauce:
1/4 l Gemüsesaft
2 Karotten
1/2 Stange Lauch
1/2 Sellerieknolle
1/2 Zwiebel
1/8 l helles Bier

Das Schweinefleisch vom Metzger schon vor-
bereiten, d.h. in die Schulter eine Tasche
schneiden lassen.
Den Grünkern sorgfältig waschen und minde-
stens 12 Stunden in Wasser einweichen.
Anschließend den Grünkern und den Grünkern-
schrot in den kochenden Gemüsesaft streuen
und zu einem dicken Brei kochen.
Mit einer zerstampften Kartoffel, einem Ei,
Kräutern und grünem Pfeffer anreichern.
Das Fleisch von innen und außen mit Salz,
Pfeffer und Paprikapulver einreiben, mit der
Grünkernmasse füllen und die Tasche
zustecken oder zunähen.

In einem Bräter Fett erhitzen und das gefüllte Fleisch darin von allen Seiten anbraten.
In den vorgeheizten Backofen bei ca. 200 Grad schieben und etwa 1 1/2 Stunde braten.
Den Gemüsesaft und das geputzte und grob geschnittene Gemüse zugeben. Das fertige Fleisch herausnehmen und warm stellen.
Das Gemüse im Bratensaft mit kochendem Wasser lösen, einige Minuten aufkochen und anschließend durch ein Sieb streichen.
Nochmals zum Erhitzen aufstellen, Bier einrühren und abschmecken.

TIP! Mit Bratkartoffeln, Kohlrabigemüse und Bier reichen. Schweinefleisch mit hohem Vitamin B1-Gehalt sorgt für Konzentrationsfähigkeit und Vitalität.

EW	Fett	KH	kcal/J
47,7	63,6	14,4	869/3636

Lammpaste

> 1 kg Lammkeule ohne Knochen
> Salz, Pfeffer, Muskat
> 3 Knoblauchzehen
> 1 Zwiebel
> Paprikapulver

Die ausgelöste Lammkeule in einem großen Topf weichkochen.
Anschließend mit den restlichen Zutaten im Mixer pürieren.
Die Masse dann in einen Steinguttopf geben, pikant abschmecken und dann kühl stellen.

TIP! Dazu Pittabrot reichen und einen trockenen Weißwein servieren.

EW	Fett	KH	kcal/J
45,6	45,1	2,9	599/2507

Bühler Schweinetaschen

1 kg Schweinehals in Scheiben
geschnitten (ohne Knochen)
1 Prise Salz, Pfeffer
50 g Mehl
500 g Pflaumen
2 EL Butter
50 g Zucker
Zimt
Fett zum Braten
1/2 bis 3/4 Fleischbrühe
1/8 l Rotwein

Den Schweinehals vom Metzger so schneiden
lassen, daß Schmetterlingssteaks entstehen.
Diese Fleischstücke breitklopfen, salzen, pfeffern und auf einer Seite in Mehl wenden.

Die gewaschenen, entkernten Pflaumen in
heißer Butter mit Zucker schwenken.
Auf die halbe Seite der Fleischstücke die Pflau-
men geben, mit Zimt bestreuen und die andere
Fleischhälfte darüberklappen.
Die Nahstellen mit Hölzchen zusammenstecken
und in heißem Fett rasch anbraten.
Mit Fleischbrühe ablöschen und zugedeckt im
Ofen bei mittlerer Hitze eine knappe Stunde
garen. Die fertigen Taschen aus dem Bräter
nehmen und warm stellen.
Den Bratensatz mit Rotwein ablöschen und
aufkochen. Die abgeschmeckte und passierte
Sauce über die Schweinetaschen geben.

TIP! Dazu passen alle Arten von Kartoffeln
und auch Spätzle.

EW	Fett	KH	kcal/J
51,5	58,2	36,5	960/4018

Rheinischer Sauerbraten mit Aachener Printen

Abbildung

2 Zwiebeln
1 Karotte
1/4 l Weinessig
1 TL Pfefferkörner
2 Wacholderbeeren
2 Nelken
1 Lorbeerblatt
1 kg Rindfleisch
2 EL Butter
60 g Rosinen
1/8 l Rotwein
4 Aachener Printen
Salz
Pfeffer
1 Prise Zimt
1 Prise Kardamom

Die Zwiebeln und die Karotte schälen.
In feine Würfel schneiden und mit Essig und 1/2 l Wasser aufkochen.
Pfefferkörner, Wacholderbeeren, Nelken und Lorbeerblatt jeweils etwas zerstoßen und zugeben.
Die Marinade abkühlen lassen und das Rindfleisch anschließend zwei bis drei Tage darin einlegen.
Ein paarmal wenden.
Das marinierte Fleisch mit Küchenkrepp abtupfen.
In erhitzter Butter von allen Seiten gut anbraten.
Die Marinade durch ein Sieb passieren und über das Fleisch gießen.
Das Fleisch abdecken und bei milder Hitze etwa 2 Stunden schmoren lassen.
Bei Bedarf etwas Wasser angießen.
Die Rosinen in Rotwein einweichen.
Das fertige Fleisch aus dem Topf nehmen und abgedeckt etwa 1/4 Stunde im warmen Backofen ruhen lassen.

In der Zwischenzeit den Fond durch ein Sieb passieren und mit in Stücke geschnittenen Printen köcheln lassen.
Mit Hilfe eines Handmixers pürieren.
Anschließend die Rotweinrosinen zugeben, aufkochen lassen und die Sauce mit Salz, Pfeffer, Zimt und etwas Kardamom abschmecken.

TIP! Nach rheinischer Art mit Rotkohl und Kartoffelklößen reichen.

EW	Fett	KH	kcal/J
48,4	42,0	25,2	676/2827

Bratwurst mit Äpfeln

750 g Äpfel
2 EL Zucker
1/2 TL Zimt
125 g Rosinen
500 g Bratwurst
50 g Butter
1/8 l Weißwein
oder Apfelsaft
1 TL abgeriebene
Zitronenschale

Die Äpfel schälen, entkernen und achteln.
Mit einem Eßlöffel Zucker und dem Zimt bestreuen.
Die Rosinen beimengen und das Ganze etwa 1 Stunde ziehen lassen.
Je nach Belieben die Bratwürste in Scheiben schneiden oder ganz lassen.
In heißer Butter von beiden Seiten anbraten und mit der Apfelmischung vermengen.
Zugedeckt etwa 1/4 Stunde schmoren lassen.
Die Sauce mit Weißwein oder Apfelsaft und der Zitronenschale verfeinern.

TIP! Dazu passen gekochte oder rohe Kartoffelklöße, Apfelsaft oder Weißwein und frisches Bauernbrot.

EW	Fett	KH	kcal/J
17,1	47,0	54,0	770/3223

Pfälzer Wellfleisch mit Weinkraut

2 Zwiebeln
1 EL Butter
1/4 l Weißwein
3/4 l Wasser
1 Lorbeerblatt
2 Nelken
5 Wacholderbeeren
10 Pfefferkörner
Salz
Petersilienstengel
800 g frischer Schweinebauch

Für das Weinkraut:
3 Zwiebeln
1 großer Apfel
2 EL Butterschmalz
500 g Sauerkraut
8 Wacholderbeeren
8 Pfefferkörner
3 Lorbeerblätter
1 Glas Weißwein

Die Zwiebeln schälen, hacken und in heißer Butter glasig schwitzen.
Mit Weißwein ablöschen.
Anschließend das Wasser, ein Lorbeerblatt, Nelken, Wacholderbeeren, Pfefferkörner, Salz und Petersilienstengel zugeben.
Einige Male aufkochen lassen.
Das Bauchfleisch im Stück hineinlegen und etwa 1 Stunde milde kochen.
Währenddessen das Weinkraut vorbereiten.
Den Apfel und die Zwiebeln schälen und klein würfeln.
In heißem Butterschmalz anschwitzen, Sauerkraut und Gewürze beimengen.
Mit trockenem Weißwein angießen und in etwa einer 3/4 Stunde fertig garen.

 Mit Kartoffelpüree und gerösteten Speck- und Zwiebelwürfeln reichen.

EW	Fett	KH	kcal/J
31,0	74,4	13,2	1031/4313

Rouladen mit Spinat und Schafkäse

Abbildung

4 Rinderrouladen
Salz, Pfeffer
4 TL Senf
1 TL Senfkörner
150 g Blattspinat
1 Zwiebel
1 kleine rote Paprikaschote
75 g Schafkäse
frische Majoranblätter
6 EL Öl
1/4 l Brühe
1/4 l Rotwein
1/2 Becher Crème fraîche
1 Prise Zucker

Die Rouladen mit Salz und Pfeffer würzen.
Mit je einem TL Senf bestreichen.
Die Senfkörner darüberstreuen.
Den Spinat putzen, waschen, abtropfen lassen und etwas zerkleinern.
Die Zwiebel schälen, halbieren und in Scheiben schneiden. Die Paprikaschote säubern und in Streifen schneiden.
Die Rouladen gleichmäßig mit allen Zutaten inklusive zerbröseltem Schafkäse und Majoranblättern belegen.
Beim Aufrollen die Seiten einschlagen und mit einem Holzspießchen oder einer Rouladennadel zustecken. Die Rouladen in heißem Öl von allen Seiten bräunen.
Kochende Brühe angießen und nach und nach den Rotwein einrühren. Bei milder Hitze etwa 1 1/2 Stunden schmoren.
Zuletzt mit Crème fraîche und Zucker abschmecken.

 Mit Erbsenpüree oder Speckkartoffelbrei, gemischtem Gemüse und einem vollmundigem Rotwein servieren.

EW	Fett	KH	kcal/J
46,8	45,6	4,6	680/2845

Eingemachtes Kalbfleisch

3/4 kg Kalbfleisch (Brust, Schulter)
Salz
Pfeffer
1 Bund Suppengrün
1 Zwiebel
1 EL Fett
1 EL Mehl
1/8 l Frankenwein
1/8 l Sahne
1 Spritzer Zitronensaft

Das Fleischstück waschen und trockenreiben.
Mit Salz und Pfeffer einreiben.
Den Bund Suppengrün säubern und grob schneiden.
Die Zwiebel schälen und achteln.

In heißem Fett das Kalbfleisch von allen Seiten bräunen.
Zwiebel und Suppengrün hinzufügen.
Mit Mehl bestäuben, hell rösten und mit Weißwein ablöschen.
Sofort mit ca. 1/2 l Wasser aufgießen.
Bei milder Hitze etwa 1 Stunde garen.
Das fertige Fleisch aus der Sauce nehmen und in Portionsstücke schneiden.
Die Sauce durch ein Sieb passieren.
Mit saurer Sahne und einem Spritzer Zitronensaft verfeinern.
Gegebenenfalls zum Schluß nochmals abschmecken.

 TIP! Mit verschiedenen Teigwaren und Gemüsen servieren.

EW	Fett	KH	kcal/J
36,6	20,1	7,0	370/1549

75

Lachs »Sausalito«

Abbildung Seite 76/77

> 2 Birnen
> 80 g Butter
> 1/2 TL Salz
> 1/2 TL Senfpulver
> 1/4 TL getrocknetes Basilikum
> 2 EL frisch gehackter Dill
> 1/8 TL Kräuterpfeffer
> 2 Zwiebeln
> 2 Karotten
> 20 g fertige Hühnerbrühe
> 2 Tomaten
> 1 Zitrone
> 4 Lachssteaks à ca. 250 g
> etwas Zitronensaft

Die Birnen schälen, vierteln und entkernen.
Etwa zwei Eßlöffel Butter schmelzen, mit Kräutern und Gewürzen mischen.
Diese Mischung in die Birnenhälften füllen.
In eine feuerfeste Form setzen, mit etwas Wasser angießen und etwa 10 Minuten backen, aber rechtzeitig zum fertigen Fischgericht.
Die Zwiebeln schälen und in Ringe schneiden.
Karotten schälen und in Stifte schneiden.
Die restliche Butter in einem flachen, breiten Topf schmelzen.
Hühnerbrühe, Zwiebelringe und Karottenstreifen einlegen. Einige Minuten dünsten.
Nach Bedarf etwas Wasser zugießen.
Die Tomaten blanchieren, häuten und in Scheiben schneiden. Zitrone waschen, in dünne Scheiben schneiden und zusammen mit den Tomaten in den Topf geben.
Den Lachs waschen, trockentupfen und mit Salz, Pfeffer und Zitronensaft würzen.
Die gewürzten Lachssteaks auf das Gemüse legen, mit Butterflocken belegen und zugedeckt bei schwacher Hitze fertiggaren.

TIP! Mit einer Mischung aus Wildreis und Langkornreis servieren.

EW	Fett	KH	kcal/J
52,1	51,9	14,2	732/3060

Gebratene Scholle mit Krabben

> 4 küchenfertige Schollen à ca. 300 g
> Saft von 1 Zitrone
> Salz
> Pfeffer
> 2 EL Butter
> 2 EL Sonnenblumenöl
> 100 g durchwachsener Speck
> 1 Bund Petersilie
> 200 g Krabben

Die Schollen von beiden Seiten mit Zitronensaft beträufeln.
Salzen und pfeffern.
Butter und Öl erhitzen und darin die Schollen von jeder Seite ca. 5 Minuten braten.
Aus der Pfanne nehmen und warm stellen.
Den Speck fein würfeln, die Petersilie waschen und hacken.
Den Speck im verbliebenen Bratensatz auslassen, Petersilie und Krabben zugeben.
Ein paar Minuten dünsten lassen und dabei würzen.
Über die angerichteten Schollen geben.

TIP! Dazu schmecken Salzkartoffeln und geschmolzene Butter.

EW	Fett	KH	kcal/J
63,8	33,5	0,6	557/2329

Heringe in Dillsahne

> Butter für die Form
> 12 grüne Heringsfilets
> 50 g Butter
> 50 g Mehl
> 1/4 l Weißwein
> 3/8 l Sahne
> Salz
> Pfeffer
> 1 Bund Dill

Eine große, feuerfeste Form ausbuttern und die Heringsfilets mit der Hautseite nach oben hineinlegen.
Die Butter in einem Topf heiß werden lassen, mit Mehl bestäuben, hell schwitzen und anschließend mit Weißwein ablöschen.
Dabei ständig rühren, damit sich am Topfboden nichts ansetzen kann. Mit Sahne aufgießen, würzen und ca. 15 Minuten köcheln.
Zuletzt den gehackten Dill einrühren und die fertige Sauce über die Fischfilets gießen.
Im Backofen bei mittlerer Hitze pochieren.
Den fertigen Fisch völlig erkalten lassen und mit Salzkartoffeln servieren.

TIP! Die Mehlschwitze kann durch eine größere Menge Sahne ersetzt werden.

EW	Fett	KH	kcal/J
26,3	66,4	14,6	812/3397

Gebratene Seezungenfilets
Abbildung

> 8 Seezungenfilets
> Salz, Zitronensaft
> 2-3 EL Butter

Seezungenfilets salzen und mit Zitronensaft beträufeln. Butter schmelzen und die Filets von jeder Seite ca. 4 Minuten braten.
Auf Teller geben und nochmals reichlich mit Zitronensaft beträufeln.

TIP! Dazu schmeckt Stangenbrot, aber auch Butterkartoffeln und grüner Salat.

EW	Fett	KH	kcal/J
35,1	9,1	0,4	225/940

Überbackener Dorsch

1 kg Dorschfilets
Salz
weißer Pfeffer
Saft von 1 Zitrone
1/8 kg Butter
1/4 kg gekochte Kartoffeln
in Scheiben
2 Zwiebeln
100 g geriebenes Weißbrot
2 Becher Sahne

Die Dorschfilets waschen, trockentupfen und in fingerbreite Streifen schneiden.
Leicht salzen, pfeffern und mit Zitronensaft beträufeln; ziehen lassen.
Eine feuerfeste Auflaufform ausbuttern.
Den Boden der Form mit einer Schicht Kartoffeln belegen, salzen und pfeffern.

Die Zwiebeln schälen, hacken und einen Teil auf die Kartoffeln streuen.
Darauf einige Fischstreifen und geriebenes Brot verteilen.
Abwechselnd die Zutaten einschichten und dabei jede Lage leicht würzen sowie einige Butterflöckchen daraufsetzen.
Zuletzt Sahne eingießen und mit Brotbröseln bestreuen.
Die Form in den vorgeheizten Backofen bei ca. 200 Grad schieben.
Nach etwa 30 bis 40 Minuten Garzeit den fertigen Dorschauflauf noch heiß in der Form servieren.

TIP! Dazu passen frische Salate und ein Glas trockener Weißwein.

EW	Fett	KH	kcal/J
49,1	60,5	27,2	850/3558

Hecht mit Spreewälder Sauce

Abbildung

2 EL Essig
Salz
1 Lorbeerblatt
1 Wacholderbeere
2 Pfefferkörner
4 Hechtfilets à ca. 180 g
1 Karotte
100 g Sellerie
1 rote Zwiebel
1/2 Stange Lauch
2 EL Butter
1 EL Mehl
1/2 Becher saure Sahne
Pfeffer
1 Prise Zucker
Saft von 1/2 Zitrone
1 EL gehackter Dill
2 EL gehackte Petersilie

Einen Topf mit 1 1/2 l Wasser zum Kochen aufstellen. Mit Essig, Salz, Wacholderbeere, Pfefferkörnern und Lorbeerblatt würzen.
Den Hecht in das kochende Wasser legen und zugedeckt bei milder Hitze etwa 1/4 Stunde ziehen lassen.
Das Gemüse putzen und in sehr feine Streifen schneiden.
In erhitzter Butter andünsten und mit ca. 1/4 l durchgeseihtem Fischfond aufgießen.
Zugedeckt etwa 10 Minuten köcheln.
Das Mehl mit saurer Sahne verrühren und die Sauce binden. Mit Pfeffer, Zucker, Zitronensaft und den Kräutern abschmecken und noch einige Minuten ziehen lassen.
Die fertigen Fischfilets auf vorgewärmten Tellern anrichten und mit Sauce überziehen.

 TIP! Dazu in Butter geschwenkte Kartoffeln und frischen grünen Salat servieren.

EW	Fett	KH	kcal/J
37,1	8,6	7,0	246/1031

Curryfisch

3/4 kg gemischtes Fischfilet
Saft von 1 Zitrone
Salz
Pfeffer
1 Apfel
1 Banane
2 EL Silberzwiebeln
1 EL Curry
1 EL Butter
1/8 l Sahne
1 EL gehackte Petersilie

Das gesäuberte Fischfilet in grobe Streifen schneiden.
Säuern, salzen, pfeffern und etwa 1/4 Stunde ziehen lassen.
Den Apfel waschen, schälen, entkernen und in feine Schnitze schneiden.
Anschließend die Apfelschnitze, die Bananenscheiben sowie die Silberzwiebeln in heißer Butter andünsten.
Die Fischstreifen hinzufügen.
Mit Curry bestäuben, leicht rösten und mit wenig Silberzwiebelsaft ablöschen.
Mit Sahne angießen.
Dann kurz hin und herschwenken und abschmecken.
Zum Schluß mit Petersilie bestreuen.

TIP! Probieren Sie dazu mal was anderes, wie wär's mit rotem Reis?

EW	Fett	KH	kcal/J
32,9	11,8	14,9	297/1241

Heilbutt mit Shrimps »à la Helga Beimer«

4 Schalotten
2 EL Butter
800 g Heilbutt-
koteletts
Salz
Pfeffer
1/8 l Weißwein
200 g Shrimps
1 Schuß trockener
Wermut
100 g Sahne

Zuerst die Schalotten schälen und sehr fein hacken.
Anschließend in einem der Teil Butter glasig schwitzen.
In eine feuerfeste Form füllen.
Die Fischkoteletts würzen und auf das Schalottenbett setzen.
Weißwein darübergießen und das Ganze mit Alufolie abdecken.
In den vorgeheizten Ofen bei ca. 200 Grad für etwa 10 Minuten schieben.
Danach die Shrimps einstreuen und die Hitze zurückdrehen.
Den fertigen Fisch mit den eingestreuten Shrimps auf vorgewärmten Tellern hübsch anrichten.
Den Fischsud durch ein Sieb passieren und mehrere Male aufkochen lassen.
Mit Wermut und Sahne verfeinern; danach abschmecken.
Die restliche Butter unterrühren.
Abschließend die einzelnen Fischportionen damit überziehen.

TIP! Nach Wunsch die Sauce mit vielen Kräutern verfeinern und erweitern. Als Beilagen zu diesem Heilbutt mit Shrimps Reis und ein Gemüseallerlei servieren.

EW	Fett	KH	kcal/J
50,4	17,4	2,7	421/1760

Forelle mit Wiesenchampignons

Abbildung

4 küchenfertige Forellen
Salz
Pfeffer
Saft von 1 Zitrone
4 große Wiesenchampignons
2 Bund Frühlingszwiebeln
1 Glas Weißwein
1/2 Becher Sahne
2 Knoblauchzehen
1 Prise Basilikum
1 Prise Estragon
2 EL gehackte Petersilie
50 g Butter

Die Forellen unter kaltem Wasser gründlich waschen und trockenreiben.
Innen und außen mit Salz, Pfeffer und Zitronensaft würzen.
Die Wiesenchampignons putzen und feinblättrig schneiden.
Die Frühlingszwiebeln schälen und passend zu den Pilzen schneiden.
Weißwein, Sahne, zerdrückte Knoblauchzehen, Basilikum, Estragon und feingehackte Petersilie verrühren.
Eine feuerfeste Form ausbuttern.
Champignons und Frühlingszwiebeln auf dem Boden der Form verteilen.
Auf dieses Bett die Forellen legen.
Anschließend mit der angerührten Flüssigkeit bedecken.
Zuletzt mit Butterflöckchen belegen.
In den vorgeheizten Backofen bei ca. 200 Grad schieben und abschließend etwa 20 Minuten garen lassen.

 TIP! Mit neuen Kartoffeln und mit derselben Sorte Weißwein, die Sie zum Kochen verwendet haben, servieren.

EW	Fett	KH	kcal/J
40,9	18,7	4,9	422/1766

Zander in Weißwein

ca. 1 bis 1 1/2 Zander
Saft von 1 Zitrone
Salz, weißer Pfeffer
1 Zwiebel
2 EL Butter
1/4 l trockener Weißwein
4 EL Crème fraîche
1 Handvoll gehackte Kräuter

Den küchenfertigen Fisch säubern und wahlweise in Portionsstücke schneiden oder im ganzen verwenden.
Mit Zitronensaft säuern, salzen und leicht mit Pfeffer würzen.
Die Zwiebel schälen und hacken.
In eine feuerfeste, ausgebutterte Form Zwiebelwürfel einstreuen.

Den ganzen Fisch oder die Portionsstücke einlegen.
Mit Weißwein begießen.
Die Form in den vorgeheizten Backofen bei ca. 200 Grad schieben und etwa 20 Minuten dünsten.
Den fertigen Fisch auf eine vorgewärmte Servierplatte legen.
Den Fischsud mit Crème fraîche und Kräutern abschmecken.

TIP! Den Weißwein, der zum Kochen verwendet wurde, auch zum fertigen Fisch servieren. Als Beilagen Kartoffeln in Butter geschwenkt und verschiedene frische Gemüse der Saison reichen.

EW	Fett	KH	kcal/J
48,7	14,0	3,6	396/1656

Fränkischer Karpfen

Abbildung

1 küchenfertiger Karpfen
von ca. 1,2 kg
Salz
weißer Pfeffer
ca. 200 g Butterschmalz zum
Ausbacken
1 Zitrone zum Garnieren

Für den Teig:
2 Eiweiß
60 g Mehl
1 Schuß Bier
1 Prise Salz

Den Karpfen waschen und mit Küchenkrepp
trockentupfen.

Danach quer in ca. 4 Stücke schneiden und
würzen.
Für den Teig das Eiweiß steif schlagen, mit
dem Mehl, dem Bier und einer Prise Salz
vorsichtig zu einem dickflüssigen Teig
verrühren.
Das Butterschmalz in einer großen Bratpfanne
erhitzen.
Die Karpfenstücke in dem Bierteig wenden und
im heißen Fett in ca. 1/4 Stunde, je nach
Größe, von beiden Seiten knusprig-goldbraun
backen.
Mit Zitronenscheiben garnieren.

 Die Zubereitung geht noch einfacher,
wenn Sie beim Fischhändler Karpfen-
filets kaufen können.

EW	Fett	KH	kcal/J
7,5	39,5	1,2	629/2633

Aal in Salbei geröstet

> 1 kg Aal
> Zitronensaft
> Salz
> Pfeffer
> 50 g Mehl
> 50 g Paniermehl
> 2 Bündchen Salbei
> 200 g Butter
> gehackte Petersilie

Den frischen Aal ausnehmen, abziehen, gut abwaschen, danach in kleine Stücke schneiden.
Mit Zitronensaft, Salz und Pfeffer marinieren.
Anschließend in Mehl und schließlich in Paniermehl wenden.
Jedes Stück Aal auf ein Holzspießchen zusammen mit einigen Salbeiblättern stecken.
Jetzt die Butter in einer Pfanne heiß werden lassen; die Fischspießchen einlegen und unter häufigem Bepinseln von Butter rösten.
Den Aal mit reichlich gehackter Petersilie bestreuen.

TIP! Probieren Sie doch einmal Rotkohl und grüne Erbsen als Beilage.

EW	Fett	KH	kcal/J
48,1	108,9	19,1	1250/5230

Forelle nach Art der Müllerin

> 4 mittelgroße Forellen
> Salz
> weißer Pfeffer
> Saft von 1 bis 2 Zitronen
> Mehl zum Bestäuben
> ca. 100 g Butter
> 1 Bund gehackte Petersilie
> 4 Zitronenviertel

Die fangfrischen Fische ausnehmen und unter fließendem, kalten Wasser säubern.

Salzen, pfeffern und mit Zitronensaft säuern.
In Mehl wenden (überschüssiges abklopfen) und in heiß schäumender Butter goldbraun braten; danach auf eine vorgewärmte Servierplatte legen.
Den Bratenfond mit der restlichen Butter und der gehackten Petersilie schwenken.
Über die Forellen geben.
Mit Zitronenvierteln garnieren.

TIP! Nach Art der Müllerin können fast alle Fische, die zum Braten geeignet sind, zubereitet werden. Als Beilage eignen sich ausgezeichnet Salzkartoffeln und frische Salate.

EW	Fett	KH	kcal/J
49,0	17,2	1,0	448/1872

Pikant angemachte Heringe

> 4 kleine Zwiebeln
> 4 Äpfel
> 10 Heringsfilets
> 1/8 l saure Sahne
> 1/8 l Sahne
> 1 Joghurt natur
> Saft von 1/2 Zitrone
> Salz
> weißer Pfeffer
> Muskat
> 1/4 kg Krevetten

Die Zwiebeln und die Äpfel schälen und in feine Streifen schneiden.
Die Fischfilets gut säubern, abtrocknen und mit den gesamten anderen Zutaten vermengen.
Abschließend im Kühlschrank einige Stunden ziehen lassen.

TIP! Dazu passen Pellkartoffeln und frisches Brot.

EW	Fett	KH	kcal/J
56,4	55,5	17,8	792/3315

Fischspeise vom Kabeljau

1 kg frischgekochter Kabeljau
50 g Butter
60 g Mehl
1/8 l Milch
1/8 l Fischfond
1 EL Salz
weißer Pfeffer
1 Prise Muskat
Saft von 1 Zitrone
3 Eier (getrennt)
Paniermehl und Butter
für die Form

Den frischgekochten Kabeljau häuten, entgräten und in Würfel oder feine Scheiben schneiden.
Die Butter heiß werden lassen, mit Mehl bestäuben, hell rösten, mit Milch ablöschen und danach mit dem Fischfond aufgießen.
Das Fischfleisch untermengen, mit den Gewürzen und dem Zitronensaft gut abschmecken; vom Herd nehmen.
Die abgekühlte Masse mit dem Eigelb anrühren und zuletzt den geschlagenen Eischnee unterheben.
In die vorbereitete ausgebutterte und mit Paniermehl ausgeklopfte Form geben.
Glattstreichen und zuletzt mit Paniermehl bestreuen.
Die Form in den Backofen bei ca. 190 Grad schieben.
Nach etwa 1/2 Stunde herausnehmen und sofort servieren.

TIP! Dazu passen nicht nur Reis oder Kartoffeln. Probieren Sie doch einmal Tomatennudeln.

EW	Fett	KH	kcal/J
52,0	20,0	17,0	395/1653

Lachs in Dostsauce

ca. 1 kg küchenfertiger Lachs
(Schwanz oder Mittelstück)
Salz
Pfeffer aus der Mühle
Saft von 1 Zitrone
Worcestersauce
2 bis 3 EL Mehl
2 EL Butter
1 Handvoll frische Dostblüten
2 Tomaten
1/8 kg frische Champignons
1/4 l Weißwein

Den Lachs häuten und die Filets von den Gräten lösen.
Mit Salz, Pfeffer, Zitronensaft und Worcestersauce würzen.
Anschließend in Mehl wenden und auf beiden Seiten in einem Teil der Butter knusprig anbraten.
Auf einer heißen Servierplatte anrichten und warm stellen.
Die Dostblüten gut waschen und trockenschwenken.
Die Tomaten blanchieren, häuten, entkernen und klein würfeln.
Die Champignons mit einem feuchten Tuch säubern und feinblättrig schneiden.
In einer Pfanne die andere Hälfte der Butter erhitzen und die Champignons sowie die Tomatenwürfel darin dünsten.
Salzen, pfeffern und mit Mehl bestäuben.
Unter ständigem Rühren keine Farbe nehmen lassen.
Mit Weißwein aufgießen und etwas einkochen.
Die Dostblüten bis auf einen Eßlöffen unter die Sauce mengen.
Anschließend den Lachs mit der abgeschmeckten Sauce überziehen.
Mit den restlichen Blüten garnieren.

TIP! Die Grundzutaten wie Lachs und Blüten sind beliebig austauschbar.

EW	Fett	KH	kcal/J
52,6	38,4	8,6	653/2731

Scholle Finkenwerder Art

Abbildung

4 küchenfertige Schollenfilets
Salz
Pfeffer
etwas Zitronensaft
4 EL Mehl
2 Eier
100 g Paniermehl
2 EL Butter
2 EL Öl
100 g durchwachsener
Räucherspeck
Zitronenscheiben

Die Schollenfilets waschen und trockentupfen.
Mit Salz, Pfeffer und Zitronensaft würzen.

In Mehl wenden, durch die verklepperten Eier ziehen und anschließend in Paniermehl festklopfen.
Butter und Öl erhitzen.
Darin die Schollenfilets etwa 8-10 Minuten braten.
Herausnehmen und auf eine vorgewärmte Servierplatte legen.
In dem verbliebenen Bratenfett den gewürfelten Speck kroß braten.
Den gesamten Pfanneninhalt über die Schollen geben.
Zum Abschluß das Gericht mit Zitronenscheiben belegen.

 TIP! Dazu schmecken am besten Petersilienkartoffeln und ein gekühlter Weißwein.

EW	Fett	KH	kcal/J
39,8	35,5	29,4	615/2571

Matjesfilets mit Kräuter-Blinis und saurer Sahne

Abbildung

> 200 g Weizenmehl
> 50 g Buchweizenmehl
> 4 Eier
> 1/8 l Milch
> Salz
> 4 EL gemischte, gehackte Kräuter
> (Schnittlauch, Dill, Pimpinelle etc.)
> 30 g Butter
> 100 g saure Sahne
> 8 Matjesfilets

Das Mehl mit Eiern, Milch, Salz und Kräutern verrühren.

Den Teig etwa 1/2 Stunde ruhen lassen.
Die Butter erhitzen und darin kleine Pfann-kuchen, sogenannte Blinis backen.
Auf jedes Blini einen Klecks saure Sahne und nach Belieben Schnittlauchröllchen geben.
Die Matjesfilets außen herumlegen.

TIP! Ein schnelles Gericht für Gäste. Dazu Vollkornbrot und Butter servieren.

EW	Fett	KH	kcal/J
47,7	62,4	46,0	936/3915

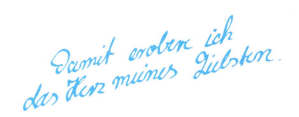

Schollenfilets exotisch

8 Schollenfilets (ca. 800 g)
Zitronensaft
4 kleine Bananen
2 EL Butter
2 EL Öl
1 Orange
1 Apfel
1 EL Currypulver
1 Becher Sahne
1/2 Tasse Orangensaft
Salz
Pfeffer
2 EL Walnußkerne

Die Schollenfilets mit Zitronensaft beträufeln.
Zwei Bananen schälen und in acht gleichgroße Stücke schneiden.
Jeweils ein Stück in ein Schollenfilet wickeln und mit einem Hölzchen zusammenstecken.
Butter und Öl erhitzen und darin die Schollenröllchen rundherum ca. 5 Minuten braten; herausnehmen, warm stellen und die Hölzchen entfernen.
Die Orange und den Apfel schälen und in Spalten schneiden.
Eine Banane schälen und in Scheiben schneiden.
Den verbliebenen Pfannensatz mit Currypulver bestäuben, Sahne eingießen und etwas einkochen lassen.
Die letzte Banane schälen, klein schneiden, in die Sauce geben und mit einem Pürierstab fein zermusen.
Die Sauce mit Orangensaft, Salz, Pfeffer abschmecken.
Den Fisch und das vorbereitete Obst hineingeben.
Alles nochmals langsam erhitzen.
Zuletzt mit gehackten Walnußkernen überstreuen.

TIP! Dazu passen Petersilienkartoffeln oder wilder Reis.

EW	Fett	KH	kcal/J
38,2	34,2	4,1	577/2414

Karpfen in Biersauce

1 küchenfertiger Karpfen
1 Zitrone (unbehandelt)
Salz
1 Stange Lauch
1 Karotte
1/4 Knollensellerie
8 kleine Zwiebeln
20 g Butter
1 Strauß Thymian
2 Lorbeerblätter
1 Flasche Export-Bier
Pfeffer
1/8 l Sahne

Den Karpfen mit dem Saft einer halben Zitrone beträufeln, dann salzen und in einen Bräter legen.
Lauchstange längs halbieren, waschen; Karotte und Sellerie schälen, in Stücke schneiden.
Zwiebeln abziehen (große in Scheiben schneiden, kleine ganz lassen) und in erhitzter Butter andünsten.
Die halbe Zitrone in Scheiben schneiden.
Alle vorbereiteten Zutaten zum Karpfen in den Bräter legen.
Gewaschenen Thymian und Lorbeerblätter zufügen, mit Bier übergießen.
Deckel auflegen und den Karpfen im vorgeheizten Backofen bei 180 Grad etwa 1 Stunde garen.
Karpfen vorsichtig herausnehmen und warm stellen.
Zitronenscheiben, Lorbeerblätter und Thymianzweige aus dem Gemüse entfernen.
Das übrige Gemüse mit Biersud im Mixer pürieren, kräftig mit Salz und Pfeffer abschmecken und die Sahne zugeben.
Abschließend die Sauce nochmals erhitzen und zum Karpfen servieren.

TIP! Dazu Butterkartoffeln und einen frischen gemischten Salat der Saison reichen.

EW	Fett	KH	kcal/J
57,3	28,5	10,2	572/2393

Lachs in Safransauce mit Kaiserschoten und Weizenrisotto

Abbildung

1 Zwiebel
1 EL Butter
1/4 l Weißwein
1 Nelke
1 Lorbeerblatt
Salz
4 Lachsschnitten à ca. 180 g
Saft von 1/2 Zitrone
1 EL Mehl
1/8 l Sahne
2 Beutelchen Safran
Pfeffer
400 g Kaiserschoten

Für das Risotto:
1/2 Stange Lauch
1 Karotte
100 g Sellerie
1 Zwiebel
2 EL Butter
400 g Weizen
1/2 l Brühe
Salz, Pfeffer

Die Zwiebel schälen und hacken.
Die Hälfte davon in heißer Butter anschwitzen und mit Weißwein aufgießen.
Die Nelke, das Lorbeerblatt und eine Prise Salz zugeben.
Den Lachs mit Zitronensaft beträufeln, leicht salzen und in den Weinsud legen. Etwa 8-10 Minuten bei milder Hitze ziehen lassen.
Für die Sauce die restlichen Zwiebelwürfel in dem Butterrest andünsten, mit Mehl bestäuben und mit 1/8 l Lachsfond und Sahne aufgießen.
Mit Safran, Salz und Pfeffer würzen.
Die Kaiserschoten putzen und in kochendem Salzwasser bißfest garen.
Beim Anrichten mit frisch gemahlenem Pfeffer überstreuen.

Für das Weizengericht Gemüse putzen und würfeln.
Butter erhitzen, Zwiebelwürfel darin glasig dünsten, den Weizen zugeben und die Brühe angießen.
Etwa 1/4 Stunde köcheln lassen.
Gemüse hinzufügen und weitere 10 Minuten garen.
Salzen und pfeffern.

TIP! Ein feines Fischgericht, zu dem Champagner paßt.

EW	Fett	KH	kcal/J
52,3	43,8	72,6	940/3932

Gebackene Flundern

1 1/2 kg Flunderfilets
Salz
Saft von 1 Zitrone
Mehl
2 Eier
Paniermehl
50 g gemahlene Mandeln
Backfett
Zitronenviertel

Den küchenfertigen Fisch zuerst säubern, dann leicht salzen und mit Zitronensaft säuern.
Der Reihe nach in Mehl, dann in verquirlten Eiern und zuletzt in Paniermehl, das vorher mit gemahlenen Mandeln vermischt wurde, wenden.
Schwimmend in einer großen Pfanne knusprig und goldgelb backen.
Mit Zitronenvierteln und Bratkartoffeln servieren.

TIP! Es müssen nicht unbedingt Flunderfilets sein. Auch Schollen-, Dorsch-und Forellenfilets können auf diese Art zubereitet werden.

EW	Fett	KH	kcal/J
69,5	27,7	12,9	578/2419

Portugiesischer Fischtopf

1 große Gemüsezwiebel
1 grüne Paprikaschote
1 rote Paprikaschote
2 EL Öl
1/8 l Weißwein
1/4 l Wasser
1 kg Kartoffeln
2 klare Suppenwürfel
2 EL Tomatenmark
400 g Seelachsfilets
1/2 Bund Dill
1 Becher Crème double

Die Gemüsezwiebel schälen, halbieren und in dünne Scheiben schneiden. Die Paprikaschoten waschen, putzen und würfeln.

Beide Gemüse in heißem Öl glasig dünsten. Mit Weißwein und Wasser aufgießen; zum Kochen bringen.
Kartoffeln schälen, würfeln und zufügen. Die Suppenwürfel darin auflösen.
20-30 Minuten durchkochen und das Tomatenmark einrühren.
Den Fisch in vier Stücke teilen und auf das Gemüse legen.
Zugedeckt bei milder Hitze etwa 20 Minuten garen.
Zuletzt den gehackten Dill und die Crème double untermengen.

 TIP! Nach Belieben sehr pikant ab schmecken. Dazu frisches Brot servieren, mit dem »getunkt« wird.

EW	Fett	KH	kcal/J
26,4	26,7	44,6	558/2334

Krabbensalat

1/2 kg Krabben
Saft von 1/2 Zitrone
1 Schuß Worcestersauce
1/2 kg Brokkoli
Salz
1 Zwiebel
2 Knoblauchzehen
1 Orange
Muskat
weißer Pfeffer
4 EL Olivenöl oder
Pflanzenöl
3 EL Sherryessig

Krabben mit Zitronensaft und Worcestersauce marinieren.
Danach ziehen lassen.
Den Brokkoli putzen, waschen und in Röschen teilen.

Die Brokkoliröschen in kochendes Salzwasser legen und bißfest kochen.
Mit kaltem Wasser abkühlen und abtropfen lassen.
Die Zwiebel und die Knoblauchzehen fein hacken.
Aus der geschälten Orange Fruchtfilets schneiden.
Anschließend alle Zutaten miteinander vermengen.
Würzen und eventuell das Öl-Essig-Verhältnis nach eigenem Geschmack ändern.

TIP! Dieser Salat soll eine Anregung für eigene phantasievolle Kreationen sein. Mischen Sie das jeweilige Angebot nach Ihrem Geschmack und der Jahreszeit!

EW	Fett	KH	kcal/J
28,4	22,1	7,5	341/1425

Rotbarschfilet mit Gemüsestreifen und Petersiliencreme

> 4 Rotbarschfilets à ca. 150 g
> Zitronensaft
> Salz
> Pfeffer
> 2 Karotten
> 1 große Zucchini
> 1 Stange Lauch
> 2 EL flüssige Butter
> 1 Glas trockener Weißwein
> 1/8 l Fischfond
> 1 Zwiebel
> etwas Butter
> 1/8 l Sahne
> 2 EL feingehackte Petersilie

Die Fischfilets säubern, mit Zitronensaft säuern und mit Salz und Pfeffer einreiben.
In eine feuerfeste Auflaufform legen.
Das Gemüse putzen, waschen und in sehr feine Streifen schneiden.
In kochendem Salzwasser blanchieren, abtropfen lassen und auf den Fisch legen.
Flüssige Butter, Weißwein und etwas Fischfond über das Ganze gießen.
Mit Alufolie abdecken und in den vorgeheizten Backofen bei ca. 200 Grad schieben.
Die Garzeit beträgt etwa 1/4 Stunde.
In der Zwischenzeit die Zwiebel schälen und hacken.
In heißer Butter glasig schwitzen.
Mit restlichem Fischfond und Sahne aufgießen.
Würzen, gehackte Petersilie einstreuen und etwa 10 Minuten ziehen lassen.
Zuletzt die Sauce mit einem Mixstab fein pürieren.
Über die fertigen Fischfilets geben.

TIP! Dieses Gericht mit kleinen Kartoffelkugeln servieren.

EW	Fett	KH	kcal/J
30,7	19,6	7,8	356/1487

Fischpfanne mit vollwertigem Gemüse

Abbildung

> 160 g Patna- und Wildreismischung
> 600 g Seelachsfilet
> Salz
> Saft von 1 Zitrone
> 2 EL Mehl
> 2 EL Butter
> 150 g Brokkoli
> 1 rote Paprikaschote
> 4 EL Zuckermais
> 1 EL gemischte, gehackte Kräuter
> 1/8 l Sahne
> Pfeffer

Den Reis nach Packungsvorschrift ca. 15 Minuten garen.
Den Fisch in ca. 1/2 cm dünne Streifen schneiden, salzen, mit Zitronensaft beträufeln und in Mehl wenden. Dann in erhitzter Butter von allen Seiten goldbraun braten.
Herausnehmen und auf Küchenkrepp entfetten.
Das Gemüse putzen, in kleine, gleichmäßige Stücke schneiden und in den Bratensatz der Fische geben. Mit wenig Wasser angießen und einige Minuten köcheln.
Reis, Kräuter und Sahne unterheben.
Salzen, pfeffern und zuletzt die Fischstreifen auf das Gemüse legen.

TIP! Mit frischen Salaten und Weißbrot servieren. Für diese Fischpfanne können Sie fast jeden Fisch verwenden.

EW	Fett	KH	kcal/J
34,2	16,2	42,3	450/1884

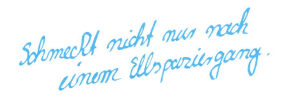
Schmeckt nicht nur nach einem Ellspaziergang.

Gefülltes Makkaroni-Omelett

Abbildung Seite 94/95

1 Zwiebel
1 EL Butterschmalz
4 enthäutete, gehackte Tomaten
50 g Salamiwürfel
50 g Schafkäsewürfel
300 g Makkaroni
4 EL Olivenöl oder Pflanzenöl
100 g geriebener Käse
2 EL gehackte Petersilie
4 Eier
Salz, Pfeffer

Die Zwiebel abziehen, würfeln und in erhitztem Butterschmalz andünsten.
Die Tomatenwürfel hinzufügen und so lange schmoren, bis die Sauce dickflüssig wird.
Salamiwürfel und gebröckelten Schafkäse unterziehen. Makkaroni in kochendem Salzwasser bißfest garen, abgießen, abtropfen lassen und mit ca. 2 EL Öl, geriebenem Käse und gehackter Peterstilie vermischen.
Eier mit Salz und Pfeffer verquirlen und die Nudelmischung unterheben.
Restliches Öl in einer Pfanne erhitzen, die Hälfte der Eier-Nudel-Mischung hineingeben, gleichmäßig verteilen und flach drücken.
Die Käse-Salami-Füllung auf die Makkaroni verteilen, dabei den Rand frei lassen.
Mit der restlichen Eier-Nudel-Mischung bedecken. Bei Mittelhitze braten, bis die Unterseite des Omeletts braun wird.
Die Pfanne schwenken, so daß die flüssige Eimasse an den Rand läuft und die Käse-Salami-Füllung umhüllt.
Das Omelett auf einen Teller stürzen, dann die andere Seite ebenfalls bräunen.

TIP! Dazu passen frische, gemischte Salate oder ein Gemüseallerlei.

EW	Fett	KH	kcal/J
30,2	48,5	80,7	770/3219

Überbackene Schaumspaghetti

500 g Spaghetti
100 g Butter
50 g Mehl
1/4 l Milch
Salz, Pfeffer
1 Prise Muskatnuß
70 g Käse
2 Eidotter
1 Eiweiß
3 EL gehackte Petersilie

Spaghetti in reichlich Salzwasser bißfest kochen.
Aus 60 g Butter und Mehl eine Schwitze zubereiten und unter ständigem Schlagen nach und nach die heiße Milch dazugeben.
So lange schlagen, bis eine cremige Béchamelsauce entsteht.
Vom Feuer nehmen, salzen, pfeffern, mit einer Prise Muskatnuß abschmecken und zum Schluß 2 EL geriebenen Käse sowie die Eidotter unterrühren; abkühlen lassen.
Die fertigen Spaghetti gut abtropfen lassen und in einem Topf mit der restlichen Butter vermischen.
Eiweiß zu Schnee schlagen und die Petersilie sehr fein hacken.
Sobald die Béchamelsauce fast kalt ist, wird der Eischnee vorsichtig untergehoben, ebenso die gehackte Petersilie.
Das Gemisch mit den Spaghetti vermischen und in eine gut gefettete Auflaufform geben.
Alles mit dem restlichen geriebenen Käse bestreuen und im vorgeheizten Backofen bei 180 Grad so lange überbacken, bis sich die Oberfläche des Auflaufs leicht bräunt.
Sofort servieren.

TIP! Zusätzlich geriebenen Käse reichen und mit gemischten, frischen Salaten servieren.

EW	Fett	KH	kcal/J
27,3	40,2	93,3	809/3386

Spinatsahne mit Bandnudeln

1/4 kg Bandnudeln
3/4 kg Blattspinat
1/8 kg Frühstücksspeck
1 große Zwiebel
1/4 l Sahne
Pfeffer
2 EL geriebener Parmesan

Die Nudeln in reichlich Salzwasser bißfest kochen und abgießen; danach abtropfen lassen.
Den frischen Spinat verlesen, gründlich waschen und tropfnaß in einen Kochtopf geben.
Bei starker Hitze zusammenfallen lassen.
Den Frühstücksspeck in dünne Scheiben schneiden, die Zwiebel schälen und hacken.
Beides in einem Topf glasig schwitzen.
Sahne zugießen und aufkochen lassen.
Den Spinat unterheben, nochmals aufkochen lassen und mit Pfeffer würzen.
Die gekochten Bandnudeln vorsichtig untermischen, kurz heiß werden lassen.
Das Gericht auf vorgewärmte Teller geben.
Mit frischgeriebenem Parmesan überstreuen.

TIP! Spinat ist ein wichtiger Lieferant für das wertvolle Eisen.

EW	Fett	KH	kcal/J
18,8	32,1	44,3	567/2372

Altberliner Speckeierkuchen

1/4 kg Mehl
1/2 l Weißbier
6 Eier
Salz
1 Msp Muskat
1 Msp Backpulver
1/8 kg fetter Speck

Das Mehl mit Weißbier glattrühren.
Die Eier, die Gewürze und Backpulver unterschlagen.
Den Speck fein würfeln.
Jeweils eine Portion (insgesamt für vier Personen) der Speckwürfel knusprig anbraten, mit einer Kelle Teig begießen und Eierkuchen zubereiten.

TIP! In Berlin werden diese Eierkuchen als Vorspeise mit grünem Salat serviert.

EW	Fett	KH	kcal/J
19,7	30,3	48,6	545/2278

Eier auf Sauerampfer

1 Handvoll Sauerampferblätter
1 EL gehackte Brunnenkresse
5 hartgekochte Eier
1/2 Becher Joghurt
150 ml Mayonnaise
6 EL Sahne
1 EL Zitronensaft

Die Sauerampferblätter waschen, dann trockenschwenken und in sehr feine Streifen schneiden.
Die Brunnenkresse gut waschen und zerpflücken.
Die hartgekochten Eier schälen und dann halbieren.
Den Sauerampfer in eine flache Salatschüssel geben und die Eier mit der Schnittfläche nach unten auf den Sauerampfer legen.
Den Joghurt mit der Mayonnaise, der Sahne und dem Zitronensaft anrühren.
Die Sauce über die Eier geben und mit der Brunnenkresse garnieren.

TIP! Hartgekochte Eier möglichst nicht länger als 2 bis 3 Tage im Kühlschrank aufbewahren. Bei längerer Lagerung verfärbt sich das Eigelb.

EW	Fett	KH	kcal/J
10,4	47,6	3,8	601/2513

Buchweizen-pfannkuchen

> 500 g Buchweizen
> 40 g Hefe
> 1 gestrichener TL Salz
> 100 g Butter
> 600 ml Buttermilch
> 3 Eier (getrennt)
> Öl zum Ausbacken

Den Buchweizen sehr fein mahlen, dann mit der zerbröckelten Hefe, dem Salz, der flüssigen Butter, Buttermilch und 3 Dottern zu einem Teig vermengen.
An einem warmen Ort abgedeckt ruhen lassen, bis er aufgeht.
Dann Eiweiß steif schlagen und den Eischnee vorsichtig unterheben.
Etwas Öl in eine Pfanne geben und kleine Pfannkuchen ausbacken.

TIP! Dazu paßt saure Sahne mit gehacktem Dill verrührt oder eine pikante Gemüse- oder Pilzfülle.

EW	Fett	KH	kcal/J
24,2	40,9	96,6	851/3561

Nudelpudding mit Mandeln

> 3 Eidotter
> 3 EL Zucker
> 100 g Butter
> 200 g Quark
> 100 g saure Sahne
> 250 g Bandnudeln
> 4 Eiweiß
> 50 g Mandeln
> 3 EL Butter

Eidotter und Zucker schaumig rühren, zerlassene Butter, Quark und saure Sahne untermischen.

Bandnudeln in reichlich Salzwasser bißfest kochen, abgießen und abtropfen lassen.
Die abgekühlten Nudeln unterheben, Eiweiß steif schlagen und vorsichtig unterziehen.
Eine feuerfeste Form gut einfetten, mit feingemahlenen Mandeln ausstreuen und mit Butterflöckchen auslegen.
Im vorgeheizten Backofen bei 180 Grad etwa 45 Minuten backen. Der Pudding kann heiß oder kalt serviert werden.

TIP! Beim Trennen der Eier muß man sehr sorgfältig arbeiten, denn Eigelb darf auf keinen Fall in das Eiweiß gelangen, sonst läßt es sich nicht mehr steif schlagen.

EW	Fett	KH	kcal/J
23,9	43,0	65,2	745/3115

Nudeln mit Putengeschnetzeltem

Abbildung

Für den Nudelteig:
400 g Mehl
3 Eier
2 EL pürierter Spinat
1 TL Salz
1 Msp Muskat

Für das Geschnetzelte:
400 g Putenbrust
100 g Champignons
1 Zwiebel
1 bis 2 EL Butter
1 Lorbeerblatt
je 1 Prise gemahlene Nelken
und Muskat
Salz
Pfeffer
3/8 l Brühe
1/2 l Sahne
3 EL Mehl
2 EL Butter

Aus Mehl, Eiern, Spinat, Salz und Muskat einen Teig zubereiten.
Nach Bedarf etwas Wasser zugießen.
Den Teig ca. 1/2 Stunde ruhen lassen.
Anschließend auf einer bemehlten Fläche dünn auswellen und mit einem scharfen Messer Bandnudeln ausschneiden; trocknen lassen.
Die Putenbrust in nicht zu breite Streifen schneiden.
Die Champignons waschen, putzen und halbieren.
Die Zwiebel abziehen und dann in Ringe schneiden.
In einer Pfanne Butter erhitzen und darin die Zwiebelringe und die Putenstreifen kurz anbraten.
Champignons und Gewürze hinzufügen und mit Brühe aufgießen.
Das Ganze etwa 5 Minuten garen lassen.

Die Sahne mit Mehl verrühren, das Geschnetzelte damit andicken, aufkochen lassen und nochmals abschmecken.
Nudeln in Salzwasser bißfest garen, kalt abschrecken und abtropfen lassen.
In erhitzter Butter schwenken und zum Putengeschnetzelten servieren.

TIP! Mit Tomatensalat, geraffelten Karotten und Weißbrot reichen.

EW	Fett	KH	kcal/J
45,1	54,9	85,5	963/4030

Das schmeckt meinem Filmsohn Benny am besten

Geröstete Spätzle mit Eiern

3/4 kg gekochte Spätzle
50 g Butter
3 Eier
Salz, Pfeffer
Muskat
2 EL frischgehackte Petersilie

Bereiten Sie einen glatten, festen Spätzleteig aus 500 g Mehl, 3/8 l Wasser, 1 Prise Salz und drei Eiern zu.

Daran denken, daß der Teig so gut abgeschlagen sein muß, daß er Blasen wirft.

Den fertigen Teig vom Brett ins siedende Salzwasser schaben. (Falls Sie es nicht beherrschen, ist auch ein Spätzlehobel erlaubt.)

Die Teigspatzen sind fertig, wenn sie an der Oberfläche schwimmen.

Mit warmem Wasser abschrecken und über einem Sieb abtropfen lassen.

Die Teigmenge ergibt ca. ein 3/4 kg gekochte Spätzle.

In einer größeren Pfanne die Butter schmelzen, die Spätzle darin unter öfterem Wenden goldgelb rösten.

Eier mit ein wenig Wasser verquirlen, Gewürze hinzufügen und über die heißen Spätzle gießen.

Leicht anziehen lassen, frische Petersilie darüberstreuen und wenn möglich in der Pfanne servieren.

TIP! Reichen Sie dazu gemischten Salat oder Spinat. Damit der Spätzleteig ein Erfolg wird, müssen die Eier zimmerwarme Temperatur haben.

EW	Fett	KH	kcal/J
18,2	15,6	67,7	507/2119

Kaiserschmarren

Abbildung

> *5 Eier*
> *50 g Zucker*
> *50 g zerlassene Butter*
> *1 Prise Salz*
> *geriebene Schale einer*
> *unbehandelten Zitrone*
> *250 g Mehl*
> *3/8 l Milch*
> *100 g Rosinen*
> *Fett zum Backen*

Eier trennen und das Eigelb mit Zucker schaumig schlagen.
Nach und nach Butter, Salz, Zitronenschale, Mehl, Milch und Rosinen zugeben.
Eiweiß zu Schnee schlagen und unter den Teig heben.
Fett in einer Pfanne erhitzen, den Teig ca. 1 cm hoch in die Pfanne geben und von beiden Seiten goldgelb zu 4 Pfannkuchen abbacken.
Dann mit 2 Gabeln in kleine Stücke zerreißen und je nach Belieben mit Puderzucker bestreuen.

 Dazu frisches Apfelmus reichen.

EW	Fett	KH	kcal/J
22,4	27,4	79,1	498/2084

Käseeiling

> *1/2 kg Quark*
> *1 Prise Salz*
> *2 Eier*
> *ca. 1/4 kg Mehl*
> *1/4 kg Butter*
> *1/4 l Sahne*
> *50 g Zucker*

Den Quark mit Salz, 2 Eiern und soviel Mehl verrühren, daß ein mittelweicher Teig entsteht.

Daraus mit bemehlter Hand kleine Nocken der Länge nach formen.
In einer Pfanne mit hohem Rand die Butter schmelzen.
Die Nocken einlegen, von beiden Seiten anbraten und anschließend mit Sahne übergießen.
In den vorgeheizten Ofen schieben und kurz überbacken.
Mit Zucker bestreuen.

TIP! Schmeckt gut zu allen Kompottsorten oder auch ohne Zucker zu pikanten Gerichten.

EW	Fett	KH	kcal/J
28,8	75,9	65,2	1060/4433

Mehlknödel

> *1/2 kg Mehl*
> *Salz*
> *3 Eier*
> *1/2 l Wasser*
> *3 alte Brötchen*
> *50 g Butter*

Aus Mehl, Salz, Eiern und dem Wasser einen halbfesten Teig zubereiten.
Wie einen Spätzleteig gut abschlagen.
Die Brötchen in kleine Würfel schneiden, in der Butter hellgelb anrösten und unter den Mehlteig mischen.
Den Teig gut durchziehen lassen; etwa eine Stunde.
Mit einem Löffel Nocken oder Knödel abstechen und in kochendes Salzwasser gleiten lassen.
Die Garzeit beträgt etwa 20-30 Minuten.

TIP! Die fertigen Knödel aus dem Kochwasser nehmen und mit heißer Butter als Hauptgericht zu frischem Gemüse servieren (als Beilage genügt die Hälfte).

EW	Fett	KH	kcal/J
21,4	16,9	110,2	678/2836

Kinderpasta
Abbildung

> 1 Zwiebel
> 1 EL Öl, 1 l Brühe
> 1/4 kg bunte Nudeln
> 4 Frankfurter Würstchen
> 1 EL gehackte Kräuter

Die Zwiebel schälen, hacken, in heißem Öl glasig schwitzen; mit Brühe aufgießen, kochen und die Nudeln hinzufügen.
Würstchen in Scheiben schneiden; miterhitzen.
Mit gehackten Kräutern verfeinern.

TIP! Dieses Rezept findet großen Anklang bei Kinderfesten.

EW	Fett	KH	kcal/J
21,5	31,3	42,9	540/2257

Überbackene Nudeln mit Fleischsauce

> 1/2 Zwiebel
> 2 EL Öl
> 60 g Butter
> 100 g Rinderhack
> 400 g reife Fleischtomaten
> 1 Basilikumzweig
> 400 g Nudeln Ihrer Wahl
> Salz
> 50 g Hartkäse

Zwiebel sehr fein hacken und in einem Topf mit Öl und 40 g Butter glasig dünsten.
Hackfleisch hinzufügen und alles gut durch-braten.
Tomaten überbrühen, häuten, entkernen und mit den Basilikumblättern unterrühren.

Das Ganze etwa eine 1/2 Stunde lang bei mäßiger Hitze kochen lassen und ab und zu umrühren.

Die Nudeln in reichlich Salzwasser bißfest kochen, gut abtropfen lassen und schichtweise mit der Sauce in eine gebutterte Auflaufform geben.

Nach jeder Nudelschicht etwas Fleischsauce und etwas geriebenen Käse hinzufügen.

Die letzte Schicht sollte die Fleischsauce sein. Den Auflauf im vorgeheizten Backofen bei 180 Grad etwa 15 Minuten lang überbacken und dann sofort ofenheiß servieren.

TIP! Der Auflauf wird durch eine Béchamelsauce noch feiner. Mit frischen Gemüsen, grünen Salaten und Rotwein servieren.

EW	Fett	KH	kcal/J
23,4	31,3	70,5	631/2641

Grüne Nudeln

Abbildung

1/4 kg grüne Bandnudeln
1 l Brühe
1 Ecke Schmelzkäse
1/8 l saure Sahne
1 EL frischgehackte Kräuter

Bandnudeln in der Brühe bißfest garen.
Kurz vor dem Servieren den Schmelzkäse mit saurer Sahne und Kräutern verrühren und unter die Nudeln ziehen. Sofort servieren.

TIP! Dazu eine Gemüseplatte farblich passend zu dem grünen Gericht servieren.

EW	Fett	KH	kcal/J
11,0	8,0	44,5	289/1208

Nocken

1 l Milch
160 g Grieß
Salz, Pfeffer
Muskat
1 Ei
2 EL geriebener Käse (Parmesan)
1-2 EL flüssige Butter

Die Milch leicht zum Kochen bringen.
Grieß einrühren und unter ständigem Rühren
gute 10 Minuten weiterkochen.
Mit den Gewürzen abschmecken.
Den Brei auf eine kühle Fläche, mit kaltem
Wasser benetzt, aufstreichen; abkühlen lassen.
Die Masse mit kleinen Formen ausstechen und
auf ein gefettetes Blech setzen.
Das Ei verquirlen und anschließend auf die
Förmchen streichen.
Geriebenen Käse darüberstreuen und flüssige
Butter auf den Käse tröpfeln.
Im vorgeheizten Ofen bei ca. 180 Grad über-
backen (etwa 10 Minuten).

TIP! Paßt gut als Beilage oder als selbstän-
diges Gericht mit gemischten Salaten.

EW	Fett	KH	kcal/J
17,0	16,8	39,3	376/1573

Eiergraupen

400 g Mehl
3 Eier
Salz
150 g geräucherter Speck
1 Zwiebel
2 Paprikaschoten
1 Tomate
50 g Fett
Pfeffer
Paprika

Aus Mehl, Eiern und einer Prise Salz einen
festen Teig zubereiten.

Durch ein Sieb mit linsengroßen Öffnungen auf
ein Arbeitsbrett drücken.
Mindestens ein paar Stunden trocknen lassen.
Den Speck und die Zwiebel fein würfeln.
Die Paprikaschoten und die enthäutete Tomate
etwas größer würfeln.
In Fett die Speck- und Zwiebelwürfel anschwitzen. Die Graupen beimischen, kurz durchrösten
und mit ca. 1/4 Wasser auffüllen.
Pikant würzen und das übrige Gemüse hinzufügen. Bei milder Hitze fertig garen.

TIP! Da diese Graupen ungarische Vorfah-
ren haben, vielleicht einen milden Rotwein dazu kredenzen.

EW	Fett	KH	kcal/J
19,8	40,6	74,3	715/2993

Knoblauchspaghetti
Abbildung

4 EL Olivenöl oder Pflanzenöl
2 EL Butter
6 Knoblauchzehen
600 g Spaghetti
2 EL gehackte Petersilie
1 EL gehacktes Basilikum

Öl und Butter in einem Topf erwärmen und die
Knoblauchzehen darin dünsten.
Spaghetti in genügend Salzwasser bißfest
garen.
Ca. 1 Tasse Spaghettiwasser abschöpfen.
Dann die Nudeln abschrecken und abtropfen
lassen.
Spaghetti in das Fett geben, zurückbehaltenes
Wasser zugießen und Petersilie und Basilikum
untermischen.
Alles kräftig durchschwenken.

TIP! Dazu passen Grilltomaten und ein
frischer Salat.

EW	Fett	KH	kcal/J
19,9	293,3	117,5	760/3179

Nußnudeln »Amelie«

100 g Haselnußkerne
10 g Butter
50 g Walnußkerne
400 g grüne Spaghetti
Salz
8 Stengel Basilikum
1 Stengel Liebstöckel
2 Stengel frischer Rosmarin
8 Stengel glatte Petersilie
8 Stengel frischer Thymian
1/4 Bund Kerbel
4 EL Olivenöl oder Pflanzenöl
2 Knoblauchzehen

Haselnußkerne in heißer Butter so lange rösten, bis sie goldbraun sind.
Abkühlen lassen, im Mixer fein pürieren und dabei nach und nach die Walnußkerne hinzufügen.

Parallel dazu Spaghetti in reichlich Salzwasser kochen, das dauert je nach Stärke 12-15 Minuten.
Kräuter abspülen, trockentupfen und je nach Sorte die Blätter von den Stielen zupfen und alles zusammen hacken.
Spaghetti abgießen, sofort mit Öl und der Nußmischung verrühren, dann erst die Kräuter zufügen.
Spaghetti in eine vorgewärmte Schüssel füllen, die geschälten Knoblauchzehen über den Spaghetti auspressen.
Erst bei Tisch verrühren.

TIP! Das italienische Gericht Spaghetti mit Pesto stand hierfür Pate. Die Kräuter- und Nußmengen sind beliebig zu erhöhen.

EW	Fett	KH	kcal/J
18,6	46,3	82,3	820/3433

Pfannkuchen mit Paprikaquark

Abbildung

1/4 kg Mehl
Salz
4 Eier
3/8 l Milch
1 Bund Schnittlauchröllchen
2 EL Fett zum Braten
1/4 kg Quark
1 Zwiebel
1 EL Tomaten- oder Paprikaquark
Paprikapulver

Das gesiebte Mehl mit Salz, Eiern, Milch und dem Schnittlauch zu einem Teig verrühren. In heißem Fett so viele Pfannkuchen backen bis der Teig aufgebraucht ist.

Den Quark mit geriebener Zwiebel, Tomaten- oder Paprikaquark und Paprikapulver vermischen und pikant abschmecken.
Die Pfannkuchen mit diesem Quark einstreichen und zusammenrollen.

TIP! Die Pfannkuchen mit viel Vitaminen erweitern, wie z.B. mit Paprikastreifen, frischen Kräutern oder Radieschenscheiben.

EW	Fett	KH	kcal/J
25,8	20,4	53,5	501/2097

Daran kann sich Klausi Bürmi kugelig essen.

Maultaschen

Für den Teig:
300 g Mehl
Salz
2 Eier
2 EL Wasser

Für die Füllung:
500 g Spinat
1 Bund frische Kräuter
1 gehackte Zwiebel
2 Eier
Salz, Pfeffer
50 g geriebener Käse
1 altes Brötchen

Aus gesiebtem Mehl, Salz, Eiern und Wasser
einen Nudelteig zubereiten; ruhen lassen.
Für die Füllung den gekochten Spinat zusammen mit den gehackten Kräutern und der Zwiebel, mit den 2 Eiern, Salz, Pfeffer, dem geriebenen Käse und dem zerkleinerten Brötchen gut
durchmischen.
Den Nudelteig dünn ausrollen.
Die eine Teighälfte in gleichmäßigen Abstän-
den mit einem Teelöffel Füllung belegen.
Die Zwischenräume mit Wasser bestreichen
und die andere Teighälfte darüberschlagen.
Den Teig etwas aufeinanderdrücken und mit
einem Rädchen Vierecke ausradeln.
Die Maultaschen im Salzwasser etwa 20 Minuten kochen.

TIP! Diese Maultaschen eignen sich vor-
züglich als Einlage in einer Fleischbrühe oder mit gerösteten Zwiebelringen als eigenständige Mahlzeit.

EW	Fett	KH	kcal/J
20,9	8,2	62,8	402/1683

„Kennlerntagessen" von
„Hans und Helga Beimer"

Bandnudeln mit Estragonsauce

500 g Bandnudeln
1 Zwiebel
40 g Butter
30 g Mehl
400 ml Hühnerbouillon
1/8 l Sahne
1 EL gehackter Estragon
frische Estragonblätter
1 Tomate
2 EL Crème fraîche
Salz
Pfeffer
2 EL trockener Weißwein

Bandnudeln in reichlich Salzwasser bißfest
kochen.
Zwiebel fein würfeln, in Butter glasig dünsten,
Mehl dazugeben und anschwitzen; mit Hühner-
bouillon und Sahne ablöschen.
Den gehackten Estragon dazugeben und
15 Minuten bei geringer Hitze kochen.
Tomate überbrühen, häuten, vierteln und die
Kerne entfernen.
Fruchtfleisch in Würfel schneiden, mit Crème
fraîche zur Sauce geben und kräftig aufkochen
lassen.
Mit Salz, Pfeffer aus der Mühle und trockenem
Wein würzen.
Nudeln abgießen und abtropfen lassen, mit der
Sauce vermischen, auf 4 Tellern anrichten und
mit Estragonblättchen garnieren.

TIP! Für dieses Gericht können Sie die
verschiedensten Nudelsorten verwenden. Als Getränk einen gekühlten
Weißwein servieren.

EW	Fett	KH	kcal/J
18,8	26,1	100,5	645/2699

Kräuternudeln

300 g Mehl
2 Eier
1 Prise Salz
etwas lauwarmes Wasser
50 g Butter
frischgehackte Kräuter
nach Wahl

Das Mehl auf eine Arbeitsplatte sieben.
Eine Mehlgrube mit den Händen formen und die Eier sowie eine Prise Salz in diese Mitte geben.
Einen mittelfesten Teig zubereiten und dabei mit dem Wasser vorsichtig umgehen.
Den Teig solange kneten, bis er ganz glatt ist.
Falls Sie eine Nudelmaschine besitzen, den Teig portionsweise durch die Maschine zu Bandnudeln drehen.
Andernfalls den Nudelteig auf einer bemehlten Arbeitsfläche sehr dünn auswellen.
Mit einem scharfen Messer ca. 1 cm breite Streifen schneiden.
Die Nudeln einige Zeit trocknen lassen.
In Salzwasser 5-8 Minuten garen.
In heißer Butter anschwenken und mit frischen Kräutern wie Kerbel, Liebstöckel, Petersilie, Schnittlauch und Basilikum verfeinern.
(Sie können einen Teil der Kräuter auch schon unter den Teig mischen – farblich sieht es auch gut aus.)

TIP! Dieses Gericht schmeckt »solo« genauso hervorragend wie als Beilage. Profiköche schwören allerdings auf die Zugabe von Mineralwasser beim Nudelteig. Die Kohlensäure macht den Teig lockerer.

EW	Fett	KH	kcal/J
11,4	142,8	54,6	165/691

Spinatnudeln

600 g Blattspinat
1 Zwiebel
2 Knoblauchzehen
2 EL Öl
1/4 kg Hackfleisch
1 EL Tomatenmark
1/4 l Brühe
1/8 kg Bandnudeln
Salz
Pfeffer
1 Fleischtomate
1/8 kg Mozzarella-Käse
1/2 Bund Basilikum

Den Blattspinat verlesen und dann gründlich waschen.
Die Zwiebel und die Knoblauchzehen schälen und hacken.
In erhitztem Öl das Zwiebel-Knoblauch-Gemisch glasig schwitzen.
Das Hackfleisch einstreuen und krümelig braten.
Mit Tomatenmark leicht rösten und mit Brühe angießen.
Sobald das Ganze köchelt, die Nudeln hinzufügen.
Mehrmals umrühren und die Nudeln bißfest garen.
Kurz vor Ende der Kochzeit den Spinat untermengen.
Anschließend salzen, pfeffern und pikant würzen.
Die Fleischtomate und den Käse in Scheiben schneiden.
Abwechselnd auf die Oberfläche des Nudeltopfs verteilen.
Den Topf in den Ofen stellen und nur kurz übergrillen.
Mit frischen Basilikumblättchen garnieren und sofort servieren.

 TIP! Die Käsesorte kann je nach Geschmack variiert werden.

EW	Fett	KH	kcal/J
20,8	30,8	24,7	479/2003

Bunte Nudeln in roter Sauce

Abbildung

400 g bunte Nudeln
Salz
1 kg Tomaten
2 EL Olivenöl oder
Pflanzenöl
1 Zwiebel
1 Knoblauchzehe
2 Stangen Bleichsellerie
100 g gekochter
Schinken
1/2 Bund Basilikum
1 Zweig Oregano
Pfeffer
2 EL frisch geriebener Käse

Nudeln in Salzwasser bißfest garen.
Tomaten mit kochendem Wasser überbrühen, abziehen und klein schneiden.
Öl erhitzen; geschälte, gewürfelte Zwiebeln darin glasig dünsten.
Tomaten zufügen und ca. 5 Minuten köcheln.
Die abgezogene, zerdrückte Knoblauchzehe und den abgewaschenen, in Stücke geschnittenen, kurz blanchierten Bleichsellerie in die Sauce geben. Den Schinken in Streifen schneiden und die Kräuter fein hacken.
Ebenfalls hinzufügen und pikant abschmecken.
Die Nudeln mit der Sauce vermengen, mit geriebenem Käse bestreuen und servieren.

TIP! Ein paar Tropfen Öl im Wasser verhindern, daß die Nudeln zusammenkleben.

EW	Fett	KH	kcal/J
23,1	19,1	121,0	1111/4648

Gebackene Kartoffeln

Abbildung Seite 110/111

12 gleichgroße Kartoffeln
Salz
50 g Butter
2 Knoblauchzehen
Kümmel
2 EL Paniermehl
1 EL geriebener Käse
1/4 kg Sahnequark
4 EL Milch
1 TL Senf
1 feingehackte Essiggurke
1 Bund Schnittlauch
1 Zwiebel

Die Kartoffeln waschen und in Salzwasser gar kochen.
Anschließend schälen und in feine Scheiben schneiden.
Fächerartig in eine gefettete Auflaufform schichten.
Die Knoblauchzehen schälen, hacken und in Butter dünsten.
Die Kartoffeln damit bepinseln und mit Salz und Kümmel bestreuen.
Im vorgeheizten Backofen bei etwa 200 Grad ca. 20 Minuten backen.
Paniermehl, geriebener Käse und die restliche Knoblauchbutter vermischen.
Über die gebackenen Kartoffeln geben und nochmals überbacken.
Anschließend Quark, Milch, Senf, Salz, Essiggurke, gehackten Schnittlauch und Zwiebelwürfel zusammen zu einer pikanten Sauce verrühren.
Zu den Kartoffeln reichen.

TIP! Servieren Sie dieses Gericht als Hauptspeise mit frischen Salaten oder auch als Beilage (Zutaten dementsprechend verringern) zu saftigen Rindersteaks.

EW	Fett	KH	kcal/J
12,5	19,3	28,4	337/1412

Hackfleischtorte »à la Benny Beimer«

1/4 kg Mehl
1/8 kg Butter
1 Prise Salz
2 Schalotten
2 Knoblauchzehen
1 EL Butter
1/2 kg Hackfleisch
1 Brötchen, in Milch eingeweicht
1 Ei
Salz
Pfeffer
2 EL gehackte Petersilie
Fett für die Form
1 Eigelb

Aus Mehl, Butter, Salz und etwas Wasser einen glatten Teig zubereiten; kurz kalt stellen.
Die Schalotten und die Knoblauchzehen schälen und hacken.
In heißer Butter die Zwiebel- und Knoblauchwürfel glasig schwitzen.
Den Pfanneninhalt über das Hackfleisch gießen.
Mit dem ausgedrückten Brötchen, einem Ei, Salz, Pfeffer und gehackter Petersilie vermengen.
Den Teig dünn auswellen und eine gebutterte Form damit auskleiden.
Den Fleischteig darin gleichmäßig verteilen und die Teigränder darüberschlagen.
Die Oberfläche mehrmals mit einer Gabel einstechen, damit der Kuchen genügend Luft hat.
Mit Eigelb bepinseln.
In den vorgeheizten Ofen bei ca. 210 Grad schieben.
Etwa eine 3/4 Stunde backen.

TIP! Mit Rieslingkraut und einem Glas Riesling servieren.

EW	Fett	KH	kcal/J
14,1	51,8	54,3	839/3512

Zwiebelauflauf

Abbildung

8 mittelgroße Zwiebeln
8 mittelgroße rote Zwiebeln
1 Bund Lauchzwiebeln
2 EL Sonnenblumenöl
1 EL Butter
Salz
bunter Pfeffer
Cayennepfeffer
1 EL Zucker
1/8 trockener Weißwein
3/8 l Sahne
frischer Thymian

Die Zwiebeln abziehen und vierteln.
Die Lauchzwiebeln waschen, putzen und in gleichmäßige Stückchen schneiden.

Öl und Butter in einer Pfanne erhitzen und die Zwiebeln mit Gewürzen und Zucker ca. 10 Minuten bei Mittelhitze schmoren.
Eine Auflaufform gut ausfetten.
Abgetropftes Zwiebelgemüse einschichten.
Den Zwiebelfond in der Pfanne mit Weißwein ablöschen und etwas einkochen lassen.
Zuletzt mit Sahne angießen, einige Minuten weiter köcheln und über die gemischten Zwiebeln gießen.
In den Backofen bei ca. 180 Grad schieben und etwa 20 Minuten überbacken.
Mit frischem Thymian bestreuen.

 TIP! Dazu schmecken kurzgebratenes Fleisch, Rösti oder Kroketten und ein Glas trockener Weißwein.

EW	Fett	KH	kcal/J
5,6	42,6	26,0	530/2216

Schwarzbrotauflauf

Abbildung

> 1/2 kg Schwarzbrot
> 1/2 l Milch
> 1/8 kg Zucker
> 3 Eier
> 1/2 kg Äpfel
> 1/4 kg grüne und blaue
> Weintrauben
> 4 EL Zucker
> 1 Msp Zimt
> 2 EL Butterflöckchen

Das Schwarzbrot in eine Schüssel geben.
Milch, Zucker und Eier verquirlen und die Hälfte
dieser Mischung über das Schwarzbrot gießen.
Etwa 1/2 Stunde ziehen lassen.
Die Äpfel schälen, entkernen und in Spalten
schneiden.

Weintrauben waschen, halbieren und entkernen.
Eine feuerfeste Form ausfetten.
Lagenweise Brot, Äpfel und Trauben einschichten.
Dabei jede Lage mit Zucker und Zimt bestreuen.
Zuletzt die restliche Milch-Eier-Mischung darübergießen.
Den Brotauflauf mit Butterflöckchen belegen
und in den vorgeheizten Ofen bei ca. 200 Grad
schieben.
Die Backzeit für diesen Auflauf beträgt etwa
eine 3/4 Stunde.

TIP! Dieser Auflauf ist eine gute Resteverwertung für älteres Brot, gleich welcher Sorte.

EW	Fett	KH	kcal/J
18,6	15,6	144,2	795/3327

Apfel-Grieß-Auflauf mit Kirschen

1 l Milch
1/8 kg Grieß
1 Prise Salz
3/4 kg Äpfel
abgeriebene Schale und
Saft von 1 Zitrone
1 Stange Zimt
2 EL Zucker
1 Prise Zimt
3 Eier (getrennt)
etwas Butter
1/4 kg Kirschen im Saft

Die Milch aufkochen, Grieß einrühren, salzen und quellen lassen.
Die Äpfel schälen, vierteln, entkernen und mit wenig Wasser, gewürzt mit Zitronenschale, Zitronensaft und 1 Stange Zimt, knappe 10 Minuten dünsten.
Den lauwarmen Grieß mit Zucker, Zimt und Eigelb verrühren. Die fertig gedünsteten Äpfel der Grießmasse untermischen.
Eine Auflaufform ausbuttern und diese mit der Hälfte der Masse füllen. Dann die Kirschen mit einem Schaber gleichmäßig darauf verteilen und den Rest Apfelgrieß daraufgeben.
Den Abschluß bildet das zu Eischnee steifge-schlagene Eiweiß. Im Ofen bei ca. 200 Grad etwa 20 Minuten backen.

TIP! Den Grießauflauf mit entsprechenden Früchten der Saison variieren.

EW	Fett	KH	kcal/J
17,8	15,2	74,8	503/2103

Davon habe ich bei einer Schneewanderung im Hochgebirge geträumt.

Käse-Zwiebel-Kuchen

1/4 kg Vollkornmehl
1/4 kg Butter
1 Ei
1 Prise Salz
nach Bedarf etwas Wasser

Für die Füllung:
2 Zwiebeln
4 Eier (getrennt)
1/4 kg geriebener Käse
nach Wahl
Salz
Pfeffer
Muskat
1/4 l Sahne

Aus Vollkornmehl, Butter, dem Ei, Salz und etwas Wasser einen geschmeidigen Mürbeteig zubereiten.
Kurz kühl stellen.
Anschließend den Teig auf einer bemehlten Arbeitsfläche ausrollen.
In eine ausgebutterte Kuchenform drücken und darauf achten, daß der Teigrand hoch genug ist.
Die Zwiebeln schälen und hacken.
Dann das Eiweiß zu einem steifem Schnee schlagen.
Geriebenen Käse, Salz, Pfeffer, Muskat und Zwiebelwürfel mit den vier Eidottern gut ver-rühren.
Die Sahne steif schlagen.
Den Eischnee und die Schlagsahne unter-heben.
Diese zubereitete Füllung in die Kuchenform gießen.
Abschließend in den vorgeheizten Ofen bei ca. 200 Grad schieben.
Die Garzeit beträgt etwa eine Stunde.

TIP! Ein klassischer und pikanter Kuchen, der vornehmlich zu Wein serviert wird.

EW	Fett	KH	kcal/J
35,9	78,7	42,3	1208/5053

Schusterpastete aus Sachsen

Abbildung

3/4 kg Pellkartoffeln
1/8 kg roher Schinken
1 große Zwiebel
1 EL Butter
Fett für die Form
1/4 kg Bratenreste
6 Bismarckheringe
1 1/2 Becher saure Sahne
2 Eier
1 EL Mehl
Salz, Pfeffer

Die Kartoffeln schälen und in Scheiben schneiden.

Den Schinken würfeln.
Die Zwiebel schälen und hacken.
In heiß schäumender Butter Zwiebel- und Schinkenwürfel andünsten.
Kartoffeln untermengen und das Ganze in eine gefettete Auflaufform füllen, aber so, daß in der Mitte eine Mulde bleibt.
In diese die Bratenreste und die Heringe hineingeben.
Saure Sahne, Eier und Mehl verquirlen.
Mit Salz und Pfeffer würzen und über den Auflauf gießen.
In den vorgeheizten Backofen bei ca. 200 Grad schieben und etwa 1/2 Stunde backen.

 Den Auflauf in der Form lassen und mit frischen Salaten servieren.

EW	Fett	KH	kcal/J
42,6	55,9	36,1	803/3360

Gefüllte Karotten

1 kg große Karotten
2 EL Butter
1/4 kg Hackfleisch vom Kalb
2 Eier
1 eingeweichtes altes Brötchen
1 TL gehackte Petersilie
Salz
Pfeffer
Muskat
Majoran
Thymian
1/4 l Brühe
4 EL geriebener Käse
zum Überbacken
1/8 l Sahne

Die gewaschenen und geschälten Karotten in kochendes Salzwasser legen und fast weichkochen.
Mit einem spitzen Messer eine Seite der Karotten aushöhlen.
Diese Karottenschnipsel bei Bedarf noch etwas feiner hacken.
Einen Teil der zerlassenen Butter mit dem Hackfleisch, den Eiern, den feingehackten Karotten, dem eingeweichten Brötchen, der Petersilie und den Gewürzen gut durchmischen.
Nun diese gut abgeschmeckte Farce in die ausgehöhlten Karotten füllen.
Das Gemüse in eine ausgebutterte Form setzen und bei Mittelhitze in den Backofen schieben.
Anschließend mit der Brühe angießen und danach eine knappe 1/2 Stunde dünsten lassen.
Zuletzt mit geriebenem Käse und Butterflöckchen belegen und mit der Sahne verfeinern.
Kurz übergrillen und servieren.

TIP! Dazu Reis und einen leichten Frankenwein reichen.

EW	Fett	KH	kcal/J
23,6	13,1	20,9	320/1338

Kastanien-Weißkohl-Auflauf

1 kg Weißkohl
Salz
1/2 kg Maronen
1/4 kg Zwiebeln
Butterschmalz
zum Braten
Pfeffer
1/8 l Milch
50 g Butterflöckchen

Den Weißkohl putzen, vierteln und die Blätter von dicken Blattrippen befreien.
Die Kohlblätter in Salzwasser etwa 10 Minuten köcheln; abgießen und abtropfen lassen.
Die Maronen an der Oberfläche einmal längs und einmal quer einritzen.
In kochendes Wasser legen und ca. 10 Minuten garen.
Anschließend von den Schalen befreien und halbieren.
Die Zwiebeln schälen und hacken.
Dann in heißem Butterschmalz glasig dünsten.
Die Maronenhälften zugeben und eine weitere 1/4 Stunde garen.
Danach im Küchenmixer pürieren.
Eine größere feuerfeste Form ausfetten.
Kohlblätter einlegen und mit Kastanienmus bestreichen.
Den Vorgang wiederholen bis alles aufgebraucht ist.
Jede Schicht leicht salzen und pfeffern.
Zum Schluß mit Milch übergießen und Butterflöckchen daraufsetzen.
In den vorgeheizten Backofen bei ca. 200 Grad schieben und etwa 1/2 Stunde garen.

 TIP! Ein Gericht für kalte Tage, das mit gekochtem Fleisch und Kartoffeln hervorragend harmoniert.

EW	Fett	KH	kcal/J
9,5	15,1	69,1	730/3053

Biskuitauflauf mit Stachelbeeren

Abbildung

> 1/8 kg Löffelbiskuits
> 2 cl Rum
> Fett für die Form
> 1/2 kg Stachelbeeren
> 2 EL Zucker
> 1/8 l Wein
> 4 Eier (getrennt)
> 1 EL Mehl

Die Löffelbiskuits mit Rum beträufeln und in eine gefettete Auflaufform legen.
Die Stachelbeeren waschen, putzen und zusammen mit Zucker und Wein etwa 10 Minuten dünsten.

Anschließend abtropfen lassen und auf den Biskuits verteilen.
Die Eier trennen.
Die Eidotter mit Mehl verrühren.
Das Eiweiß steif schlagen und dann unterheben.
Mit Hilfe eines Schabers gleichmäßig auf den Stachelbeeren verteilen.
Den Auflauf in den vorgeheizten Ofen bei ca. 180 Grad schieben und eine knappe Stunde backen.

TIP! Verwenden Sie je nach Saison geeignete Früchte für diesen Auflauf, wie z.B. Kirschen mit Weinbrand und Johannisbeeren oder auch Erbeeren mit Mandellikör.

EW	Fett	KH	kcal/J
10,4	9,8	49,5	360/1505

Spinat-Nudel-Auflauf

1 kg Blattspinat
2 Schalotten
2 Knoblauchzehen
2 EL Butter
1/8 kg gehackte,
ungesalzene Pistazien
1/2 kg passierte Tomaten
Salz
Pfeffer
1 EL Mehl
1/2 l Milch
1 Prise Muskat
ca. 10-12 Nudelblätter
3 EL gemischte, gehackte Kräuter
1/8 kg geriebener Käse

Den Blattspinat verlesen und in sprudelnd kochendes Salzwasser legen.
Nur kurz aufwallen lassen und kalt abbrausen; abtropfen lassen.
Die Schalotten und die Knoblauchzehen schälen und hacken.
Einen Eßlöffel Butter erhitzen und darin das Zwiebelgemisch glasig dünsten.
Den Blattspinat kurz mitdünsten und zuletzt die Pistazien untermischen; dann beiseite stellen.
Eine größere Auflaufform ausbuttern.
Die passierten Tomaten mit Salz und Pfeffer verrühren und damit den Boden der Form füllen.
Aus der restlichen Butter und dem Mehl eine Schwitze zubereiten.
Mit Milch aufgießen und kochen; mit Muskat verfeinern.
Die Nudelblätter je nach Packungsaufschrift zubereiten – entweder vorblanchieren oder unbehandelt verwenden.
Auf den Tomatenbelag Nudelblätter legen und einen Teil Kräuter darüberstreuen.
Mit Sauce begießen und darauf Spinat verteilen.
So lange fortfahren, bis alle Zutaten aufgebraucht sind.
Jedoch bilden die Nudelblätter mit Sauce den Abschluß.

Jede Schicht kräftig würzen!
Gut mit Käse bestreuen!
In den vorgeheizten Ofen bei ca. 200 Grad schieben.
Etwa eine 3/4 Stunde backen.

TIP! Die Fülle kann aus verschiedenen Gemüsen der Saison bestehen. Dazu verschiedene Salate »frisch vom Markt« und einen wohltemperierten Rotwein servieren.

EW	Fett	KH	kcal/J
31,4	35,8	36,7	582/2437

Warmer Chicorée

1 kg Chicorée
100 g Butter
1 Schuß Weißwein
Saft von 1/2 Zitrone
Salz
1/8 l Sahne
100 g geriebener Käse

Den Chicorée sorgfältig putzen, den bitteren Kern keilförmig ausschneiden und der Länge nach halbieren.
Danach quer in ca. 1 bis 2 cm große Stückchen schneiden.
In der Hälfte der Butter von allen Seiten anschwenken, einen Schuß Weißwein eingießen und mit höchstens 1/8 l Wasser auffüllen.
Mit Zitronensaft und Salz pikant abschmecken und das Ganze gar dünsten lassen.
In den letzten fünf Minuten die Sahne eingießen und nur noch ziehen lassen.
Den geriebenen Käse darüberstreuen und mit Butterflöckchen bestücken.
Unter den Grill schieben und überbacken.

TIP! Eine pikante und nicht alltägliche Vorspeise.

EW	Fett	KH	kcal/J
11,4	38,6	4,6	419/1754

Auflauf »Gärtnerin«

Abbildung

3/8 kg Kohlrabi
1/4 kg Kartoffeln
1/8 kg Karotten
1/4 kg Champignons
etwas Butter für die Form
Salz
Pfeffer
1 Bund gehackte Petersilie
1/8 kg Greyerzer Käse
1 Becher Sahne

Kohlrabi, Kartoffeln und Karotten schälen und in dünne Scheiben schneiden.
Champignons putzen und passend dazu schneiden.
Eine Auflaufform ausbuttern.

Danach das Gemüse schichtweise einfüllen.
Dabei jede Lage würzen und mit Petersilie bestreuen.
Den Käse reiben und mit der Sahne verfeinern.
Anschließend diese Käse-Sahne-Mischung über das Gemüse geben.
Den Auflauf in den vorgeheizten Ofen bei ca. 180 Grad schieben.
Die Garzeit für dieses Gericht beträgt etwa 1/2 Stunde.

TIP! Die Käsesorte für diesen Auflauf kann variiert werden. Einfach fein würfeln, mit Sahne vermischen und dann über das Gemüse geben.

EW	Fett	KH	kcal/J
15,8	25,6	17,5	363/1517

Sauerkrautauflauf

> 3/4 kg Kartoffeln
> 1/8 l Milch
> 2 EL Butter
> Salz
> Pfeffer
> 1 Prise Muskat
> 1 Zwiebel
> 3/8 kg Kasseler ohne Knochen
> 1 EL Öl
> 1 TL Paprikapulver
> 1/2 TL gerebelter Majoran
> 1/8 l Weißwein
> Fett für die Form
> 3/4 kg Sauerkraut
> 2 Becher Crème fraîche
> 3 EL gehackte Petersilie

Die Kartoffeln schälen, waschen und in Salzwasser gar kochen.
Noch heiß durch die Presse drücken.
Mit Milch und weicher Butter, Salz, Pfeffer und Muskat verrühren.
Die Zwiebel schälen und in Ringe schneiden.
Das Kasseler in mundgerechte Würfel schneiden. Öl in einer Pfanne erhitzen, Zwiebelringe und Kasseler anbraten.
Mit Paprikapulver, Salz, Pfeffer und Majoran würzen. Mit Wein angießen und bei milder Hitze etwa 10 Minuten schmoren lassen.
Eine größere Auflaufform gut ausbuttern.
Abwechselnd Kartoffelpüree, Kasseler-Gemisch und Sauerkraut einschichten.
Crème fraîche glattrühren; daraufstreichen.
Mit Paprikapulver überpudern.
Die Form in den vorgeheizten Ofen bei ca. 200 Grad schieben und etwa 1/2 Stunde backen.
In der Form servieren und das Ganze mit gehackter Petersilie bestreuen.

TIP! Sollte die Crème fraîche zu kalorienreich sein, dann nur mit Wasser oder Brühe angießen.

EW	Fett	KH	kcal/J
27,1	50,9	37,1	509/2128

Vegetarischer Nudelauflauf

> 400 g Vollkornnudeln
> Salz
> 1 kleine Zwiebel
> 2 EL Butter
> 2 EL Mehl
> 3/8 l Brühe
> 4 EL Sahne
> Pfeffer
> Muskat
> 150 g Champignons
> 50 g Karotten
> 100 g Brokkoli
> 2 EL gemischte, gehackte Kräuter
> 150 g Schafkäse

Die Vollkornnudeln in Salzwasser bißfest garen; dann kalt abbrausen und abtropfen lassen.
Die Zwiebel schälen und hacken.
In erhitzter Butter glasig dünsten.
Mit Mehl bestäuben, Brühe und Sahne zugießen, aufkochen lassen, dann salzen, pfeffern und mit Muskat würzen.
Das Gemüse putzen und waschen.
Champignons vierteln, Karotten in Scheiben schneiden und den Brokkoli in Röschen teilen.
Karotten und Brokkoli in Salzwasser einige Minuten garen und mit den Champignons in die Sauce geben.
Gehackte Kräuter und gekochte Nudeln untermischen.
Das Ganze in eine feuerfeste, ausgebutterte Form schichten.
Den Schafkäse zerbröseln und über die Oberfläche streuen.
In den vorgeheizten Ofen bei ca. 200 Grad schieben und etwa 1/4 Stunde backen.

TIP! Fleischliebhaber können das Rezept mit Hackfleisch, Bratenresten oder Würsten erweitern.

EW	Fett	KH	kcal/J
28,1	24,8	66,7	601/2516

Kartoffelsoufflé mit Frühlingszwiebeln

1/2 kg Kartoffeln
1/4 kg Frühlingszwiebeln
Salz
Pfeffer
Muskat
1/8 l saure Sahne
4 Eier (getrennt)
1/8 kg geriebener Käse
1 EL Butter

Die Kartoffeln mit der Schale weichkochen oder dämpfen.
Anschließend schälen und noch heiß durch eine Kartoffelpresse drücken.
Die Frühlingszwiebeln putzen und sehr fein hacken.
Zusammen mit den Gewürzen, der sauren Sahne, den Eidottern und dem Käse zu einer geschmeidigen Masse vermischen.
Das Eiweiß zu steifem Schnee schlagen.
Vorsichtig unterheben.
Eine Auflaufform ausfetten und den Kartoffelbrei einschichten.
In den vorgeheizten Ofen bei ca. 200 Grad schieben und ca. eine 3/4 Stunde backen.

TIP! Eine herrliche Kombination mit Blumenkohl und Kräuterbutter.

EW	Fett	KH	kcal/J
20,0	21,0	24,6	368/1540

Krebsauflauf

ca. 15 Krebse
1/2 l Sahne
5 Eier (getrennt)
Salz
Muskat
Saft von 1 Zitrone
1/8 kg gekochter Reis
2 EL Krebsbutter

Das Krebsfleisch aus den Schalen brechen und in gleichmäßige Stückchen schneiden.
Die Schalen zerstoßen oder zerbrechen und in der Sahne auskochen, durchseihen und die Sauce kalt stellen.
Die augekühlte Krebssauce mit Eidottern abrühren.
Mit Salz, Muskat und Zitronensaft würzen und das Fleisch mit dem Reis untermengen.
Zuletzt das steif geschlagene Eiweiß unterziehen.
Eine feuerfeste Form mit einem Teil Krebsbutter gut ausstreichen.
Die leichte Fischmasse einfüllen und glattstreichen.
Mit Krebsbutterstückchen belegen.
Bei ca. 210 Grad eine knappe 3/4 Stunde backen.
Sofort servieren!

TIP! Dieser pikante Auflauf kann ebenfalls mit Krabben, Hummer oder Scampis variiert werden. Mit grünem Salat servieren.

EW	Fett	KH	kcal/J
27,1	52,1	12,6	291/1219

Überraschung mit Käse

1 EL Butter
1 EL Mehl
gut 1/2 l Milch
1/4 kg Käse (Edamer, Emmentaler)
3 Eier (getrennt)
Salz
Butter und Paniermehl
für die Form
2 EL geriebener Käse

Aus Butter und Mehl eine helle Schwitze zubereiten. Mit Milch aufgießen und einige Minuten weiterkochen; vom Herd nehmen.

Den Käse in kleine Würfel schneiden.
Zusammen mit dem Eigelb in die Milch rühren und salzen.
Das Eiweiß zu steifem Schnee schlagen und unter die Käsemasse heben.
Eine Auflaufform ausbuttern und mit Paniermehl leicht ausklopfen.
Die Käsemasse in die Form geben.
In den vorgeheizten Ofen bei ca. 200 Grad schieben und etwa eine 3/4 Stunde backen.
Das Käsesoufflé sofort servieren.
Geriebenen Käse dazu reichen.

TIP! Ein absolutes Maß für Käseliebhaber! Suchen Sie sich für dieses Rezept Ihren Lieblingskäse aus. Dazu knuspriges Weißbrot und frische Salate vom Markt reichen.

EW	Fett	KH	kcal/J
28,9	33,2	8,1	447/1871

Kartoffelauflauf

1 kg Kartoffeln
1 Stange Lauch
2 Knoblauchzehen
Fett für die Förmchen
Salz
Pfeffer
Muskat
80 g Sardellen
2 Becher Sahne

Die Kartoffeln schälen und in feine Scheiben schneiden.
Den Lauch längs halbieren, waschen und in Ringe schneiden.
Die Knoblauchzehen schälen und hacken.
Eine Auflaufform oder kleine Portionsförmchen ausfetten.
Die Kartoffeln und den Lauch abwechselnd einschichten.
Mit gehacktem Knoblauch bestreuen.
Salzen, pfeffern und mit Muskat würzen.

Obenauf mit Sardellen garnieren und Sahne darübergießen.
In den vorgeheizten Ofen bei ca. 180 Grad schieben und etwa 1/2 Stunde garen.

TIP! Diesen Auflauf zu Fischgerichten servieren.

EW	Fett	KH	kcal/J
12,6	35,3	45,0	549/2297

Reisauflauf mit Obst

1 1/2 l Milch
Salz
150 g Rundkornreis
2 Eier (getrennt)
abgeriebene Schale von 1 Zitrone
2 EL Zucker
1 EL Honig
Butter für die Form
1/4 kg Erdbeermus
1 Prise Zimt

Die Milch mit einer Prise Salz aufkochen.
Den sorgfältig gewaschenen Reis einstreuen.
Den Reis bei mittlerer Hitze gar kochen.
Den Topf beiseite stellen und den Milchreis erkalten lassen.
Anschließend mit Eigelb, abgeriebener Zitronenschale, Zucker und Honig vermischen.
Das Eiweiß zu steifem Schnee schlagen und unter die Reismasse heben.
Eine Auflaufform ausbuttern und darin die Hälfte der Masse einfüllen.
Mit Fruchtmus bestreichen und den Rest daraufsetzen.
Bei ca. 180 Grad ca. 1 Stunde backen.
Mit Zimt überpudern und servieren.

TIP! Das Fruchtmus kann beliebig durch andere Geschmackszutaten ersetzt werden.

EW	Fett	KH	kcal/J
15,2	14,9	62,8	446/1865

Gefüllte Zwiebeln

4 große Zwiebeln
1/4 kg Hackfleisch
1 EL gemischte, getrocknete
Kräuter
1 Ei
1 altes Brötchen in
Milch eingeweicht
Salz
Pfeffer
Olivenöl oder Pflanzenöl
1 EL geriebener Käse
1 EL Butterflöckchen

Die Zwiebeln schälen und in Salzwasser etwa 20 Minuten kochen.
Anschließend quer halbieren und mit Hilfe eines Messers das Innere der Zwiebeln herauskratzen.
Dieses gleichmäßig fein hacken.

Hackfleisch, Kräuter, Ei, das ausgedrückte Brötchen, Salz und Pfeffer miteinander vermischen.
Die Zwiebeln mit diesem gefertigten Fleischteig füllen.
Eine feuerfeste Form mit Öl ausstreichen und die gefüllten Zwiebeln einsetzen.
In den vorgeheizten Ofen bei ca. 200 Grad schieben.
Nach ca. 20 Minuten die Zwiebeln mit geriebenem Käse bestreuen.
Anschließend mit einigen Butterflöckchen belegen.
In den Backofen zurückschieben und überbacken.

TIP! Die gefüllten Zwiebeln mit Kartoffeln und Spinat servieren.

EW	Fett	KH	kcal/J
19,6	23,9	13,1	301/1261

Schöne Melosine – Überbackener Blumenkohl

Abbildung

1 großer Blumenkohl
Salz
400 g gemischtes Hackfleisch
1 Zwiebel
1 Bund Petersilie
Pfeffer
Muskat
2 Eier
Fett für die Form
3 große Fleischtomaten
50 g Butter
1/4 l Sahne
50 g geriebener Käse

Den Blumenkohl putzen, in große Röschen teilen und in Salzwasser bißfest garen; herausnehmen und abtropfen lassen.
Hackfleisch mit Zwiebelwürfel, gehackter Petersilie, Salz, Pfeffer, Muskat und einem Ei zu einem geschmeidigen Teig verarbeiten.
Eine Auflaufform ausfetten und darin den Blumenkohl einsetzen. Die Tomaten in Scheiben schneiden, rund um den Blumenkohl legen, würzen und mit Butterflöckchen belegen.
Den Fleischteig locker auf die Tomaten geben. Sahne mit dem zweiten Ei, geriebenem Käse, Salz und Pfeffer über das gesamte Gemüse gießen.
Die Form in den vorgeheizten Ofen schieben und bei ca. 200 Grad etwa 1/2 Stunde backen.

TIP! Verwenden Sie so oft wie möglich Blumenkohl. Denn dieses Gemüse ist nicht nur schmackhaft, leicht verdaulich, kalorienarm und reich an Vitaminen, sondern es ist auch ein wichtiger Lieferant für Folsäure.

EW	Fett	KH	kcal/J
35,9	60,1	13,4	738/3086

Fenchelauflauf

3 Fenchelknollen
Saft von 1 Zitrone
1/4 l Milch
2 Eidotter
Salz
Pfeffer
Muskat
50 g Butter
50 g geriebener Käse

Den Fenchel säubern, dabei etwaige braune Stellen und das Grün entfernen.
Anschließend die gesäuberten Fenchelknollen in Scheiben schneiden.
In kochendem Salzwasser mit Zitronensaft knappe 10 Minuten gar ziehen.
Die Milch aufkochen, vom Herd nehmen und einige Minuten abkühlen lassen.
Dann die Eidotter kräftig einrühren und danach würzen.
Den fertigen Fenchel abtropfen lassen und dann ziegelartig in einer ausgebutterten, feuerfesten Form einschichten.
Mit der gewürzten Eimilch übergießen und im vorgeheizten Ofen bei ca. 240 Grad etwa 1/4 Stunde backen.
In den letzten fünf Minuten den Käse darüberstreuen.
Noch einige Butterflöckchen daraufsetzen und goldbraun überbacken.

TIP! Als Beilage zu Schinken im Brotteig mit einem leicht gekühlten Rosé servieren.

EW	Fett	KH	kcal/J
11,0	19,8	12,3	272/1137

Jägerpfanne

Abbildung Seite 126/127

1 kg kleine neue Kartoffeln
200 g Perlzwiebeln
200 g Champignons
2 EL Butter
200 ml Brühe
Salz
Pfeffer
200 g Kirschtomaten
1 Bund Petersilie

Die Kartoffeln waschen und dann gründlich bürsten.
Die Perlzwiebeln schälen und die Champignons mit einem feuchten Tuch abreiben und dann vierteln.
In einer Pfanne Butter erhitzen und darin die Perlzwiebeln rundherum anbraten; herausnehmen.
In dieselbe Pfanne einen Eßlöffel Butter geben und die Kartoffeln unter ständigem Schütteln etwa 1/4 Stunde anbraten.
In einer zweiten Pfanne die Champignons in restlicher Butter dünsten.
Sobald die Kartoffeln halbweich sind, die gebräunten Zwiebeln und Champignons hinzufügen.
Mit Brühe angießen und mit den Gewürzen abschmecken.
Zugedeckt bei milder Hitze weitere 10 Minuten garen.
Die Kartoffeln sollten am Schluß hellbraun und die Flüssigkeit ganz verdampft sein.
Zuletzt die Kirschtomaten heiß überbrühen, die Schale entfernen und unter die Jägerpfanne mischen.
Vor dem Servieren mit gehackter Petersilie bestreuen.

TIP! Falls Sie keine kleinen neuen Kartoffeln bekommen, so verwenden Sie einfach Kartoffelscheiben.

EW	Fett	KH	kcal/J
3,6	62,9	9,5	269/1125

Brokkolitörtchen mit Nußsauce

1/4 l Gemüsebrühe
1/4 kg küchenfertige Brokkoli-röschen
2 Eier (getrennt)
Salz
Pfeffer
Muskat
3 EL Sahne
1 EL gemahlene Mandeln
Butter und Paniermehl
 für die Förmchen
1/4 l Sahne
50 g gehackte Walnüsse

Die Gemüsebrühe erhitzen.
Anschließend die gesäuberten Brokkoliröschen hineinlegen.
Das Eiweiß zu steifem Schnee schlagen.
Den fertig gegarten Brokkoli pürieren und durch ein Sieb streichen.
Mit Eigelb, Gewürzen, drei EL Sahne und gemahlenen Mandeln mischen.
Zuletzt den Eischnee unterheben.
Die Timabaleförmchen (feuerfeste Portionsförmchen) ausbuttern und mit Paniermehl ausklopfen.
Die Brokkolimasse einfüllen und in eine flache, feuerfeste Form stellen.
Mit kochendem Wasser bis fast zum Rand umgießen.
In den vorgeheizten Ofen schieben und bei ca. 200 Grad ca. 1/2 Stunde garen.
In der Zwischenzeit die Sahne erhitzen.
Gehackte Nüsse einstreuen und mit den Gewürzen verfeinern.
Die fertigen Törtchen mit einem spitzen Messer vom Rand lösen und stürzen.
Mit Walnußsauce umgießen.

TIP! Als Vorspeise mit überbackenem Knoblauchbrot reichen.

EW	Fett	KH	kcal/J
10,1	39,0	7,6	422/1767

Gegrillte Tomaten

4 große Fleischtomaten
Salz
Pfeffer
1 EL Butter
2 Knoblauchzehen
1/2 Bund gehackte Petersilie
Olivenöl oder Pflanzenöl
1 EL geriebener Käse
1 EL Paniermehl
einige Butterflöckchen

Die Tomaten waschen, quer halbieren, salzen und pfeffern.
Eine Auflaufform ausbuttern.
Die Knoblauchzehen schälen und hacken; damit die Form ausstreuen.
Die Tomatenhälften in die feuerfeste Form setzen.
Mit Petersilie bestreuen.
Öl mit geriebenem Käse verrühren und auf die Schnittflächen der Tomaten geben.
Zum Schluß noch das Paniermehl verteilen.
In den vorgeheizten Ofen schieben und etwa 20 Minuten überbacken.
Zwischendurch einige Butterflöckchen zugeben.

 Paßt gut als Beilage zu allen Grillgerichten.

EW	Fett	KH	kcal/J
2,4	10,2	4,0	126/525

Rahmspinat

1 bis 1 1/2 kg frischer Spinat
1 Schalotte
2 Knoblauchzehen
1 EL Butter
Salz
weißer Pfeffer
Muskat
nach Belieben 1 Prise Zucker
1 Becher Sahne

Den Spinat gut verlesen und die Stiele entfernen.
Waschen und in kochendes Salzwasser legen; nur kurz blanchieren.
Sofort in eiskaltes Wasser legen und abtropfen lassen.
Den Spinat fein hacken oder im Küchenmixer pürieren.
Die Schalotte und die Knoblauchzehen schälen und hacken.
In heiß schäumender Butter glasig dünsten.
Spinat und Gewürz hinzufügen.
Sobald dem Spinat die Flüssigkeit entzogen ist, diesen mit Sahne aufgießen.
Ständig rühren!

 Rahmspinat paßt zu Fisch, gekochtem Fleisch oder nur zu Pellkartoffeln.

EW	Fett	KH	kcal/J
7,8	18,7	4,7	213/893

Brokkoli mit Mandeln

3/4 kg Brokkoli
Salz
3 EL Butter
100 g Mandelblättchen
1/2 Becher Sahne
weißer Pfeffer

Den Brokkoli putzen, waschen und in Röschen teilen.
In kochendem Salzwasser einige Minuten blanchieren, kalt abbrausen und abtropfen lassen.
In einer größeren Pfanne die Butter erhitzen.
Mandelblättchen einstreuen, einige Minuten leicht rösten und mit Sahne aufgießen.
Zuletzt den Brokkoli darin schwenken, mit Gewürzen abschmecken und sofort servieren.

 Dazu ein herzhaftes Rinderfiletsteak und gebackene Kartoffeln reichen.

EW	Fett	KH	kcal/J
6,2	26,3	10,1	232/969

Schupfnudeln

Abbildung

> 1 kg festkochende Kartoffeln
> Salz
> weißer Pfeffer
> geriebene Muskatnuß
> 60 g Mehl
> 40 g Speisestärke
> Mehl zum Formen
> 100 g Butterschmalz
> 1 großer Bund Petersilie
> 1 TL getrockneter Majoran

Die Kartoffeln waschen, in der Schale garen, dann schälen und zweimal durch die Presse drücken.

Den erkalteten Kartoffelteig anschließend mit Salz, Pfeffer, Muskat, Mehl und Speisestärke vermischen.

Den Teig auf reichlich Mehl zu einer ca. 2 cm dicken Rolle formen und quer in ca. 1 cm dicke Scheiben teilen.

Die Scheiben zu etwa fingerdicken Röllchen formen und portionsweise in reichlich kochendes Salzwasser legen.

Die Nudeln bei Mittelhitze garen, bis sie an die Oberfläche steigen.

Mit einem Schaumlöffel herausnehmen, mit kaltem Wasser überbrausen, abtropfen lassen und ca. 2 Stunden trocknen.

Die getrockneten Nudeln in heißem Butterschmalz rundherum goldgelb braten.

Zuletzt mit gehackter Petersilie und Majoran bestreuen.

In der Pfanne servieren.

TIP! Mit gemischten Salaten und Bier servieren. Der Kartoffelteig kann nach Belieben mit Schinkenwürfeln und Zwiebeln erweitert werden.

EW	Fett	KH	kcal/J
2,5	25,3	23,6	490/2048

Zwiebelkuchen

> 1 kg Zwiebeln
> 3 EL Butter
> Salz
> weißer Pfeffer
> Kümmel
> 1 Prise edelsüßer Paprika
> Muskat
> 1/8 l Sahne
> 3 Eier
> 1 Eigelb
> 1/8 l saure Sahne
> nach Bedarf 1 Prise Mehl
> Fett für das Blech

Für den Teig:
> 1/2 kg Mehl
> 1/4 kg Butter
> Salz
> 1 Ei

Zwiebeln schälen und in Scheiben schneiden. In heiß schäumender Butter ca. 1/4 Stunde dünsten.

Mit den Gewürzen sehr pikant abschmecken.

Aus Mehl, Butter, Salz und einem Ei einen glatten Mürbeteig bereiten; kurz kalt stellen.

Den Teig auf einer bemehlten Arbeitsfläche dünn auswellen.

Anschließend auf ein gefettetes Blech legen und die Ränder hochdrücken.

In den vorgeheizten Ofen bei etwa 200 Grad schieben und ca. 5 Minuten anbacken.

Die gedünsteten Zwiebeln mit saurer Sahne, Eiern, Eigelb und Sahne vermischen; nochmals abschmecken.

Auf dem vorgebackenen Mürbeteig gleichmäßig verteilen.

In den Backofen schieben und ca. 1/2 Stunde backen.

 TIP! Zu diesem herzhaften Essen paßt am besten der Saison entsprechend ein Federweißer oder Most.

EW	Fett	KH	kcal/J
27,0	82,5	108,6	1285/5377

Kürbistopf

2 Paprikaschoten
1 kg Kürbis
1/8 l Weinessig
Salz
2 Schalotten
1 EL Butter
2 Knoblauchzehen
1 Schuß Tomatensaft
Pfeffer
1 Prise Zucker
1/8 l saure Sahne
frisch gehackte Kräuter

Die Paprikaschoten säubern, halbieren, entkernen und in kleine Würfel schneiden.
Den Kürbis schälen, halbieren und mit einem Löffel die Kerne entfernen.
Ebenfalls in feine mundgerechte Stückchen schneiden.

Das Kürbisfleisch mit der Hälfte vom Essig und einer Prise Salz einige Zeit ziehen lassen.
Die Schalotten schälen, fein wiegen und in heißer Butter andünsten.
Den gepreßten Knoblauch und die Paprika hinzufügen.
Mit einem Schuß Tomatensaft und Weinessig verrühren.
Einige Minuten rühren und dann das Kürbisfleisch zugeben.
Die Gemüsemischung etwa 1/4 Stunde bei milder Hitze dünsten.
Würzen und zuletzt die saure Sahne und frisch gehackte Kräuter unterziehen.

TIP! Kürbis liefert wertvolle Mineralstoffe, sowie Karottin und vor allem Vitamin C.

EW	Fett	KH	kcal/J
7,0	6,2	23,5	179/747

131

Spargel mit Sauce Hollandaise und Schinken

Abbildung

2 kg Spargel
Salz
1 Prise Zucker
1 EL Butter
1 EL Fleischbrühe
1 EL Weißwein
2 TL Zitronensaft
Salz, Pfeffer
1 Prise Zucker
3 Eidotter
100 g zerlassene Butter
3 EL Sahne
1/2 kg gekochter Schinken

Den Spargel waschen, schälen und etwa pfundweise mit Küchengarn zusammenbinden. Salzwasser mit Zucker und Butter aufkochen. Den Spargel darin ċa. 20 Minuten garen.
Für die Sauce Brühe, Wein, Zitronensaft, je eine Prise Salz, Pfeffer, Zucker und Eidotter mit dem Schaumbesen schaumig schlagen.
Die Masse über einem heißen Wasserbad so lange schlagen, bis sie luftig und cremig ist. Unter Rühren die zerlassene Butter löffelweise unterschlagen; mit Sahne verfeinern.
Den fertigen Spargel mit Schinkenscheiben und der Sauce servieren.

 TIP! Die Sauce Hollandaise kann schnell geschmacklich verändert werden, wie z.B. mit Tomatenmark, Blutorangensaft oder jeder Menge Kräuter.

EW	Fett	KH	kcal/J
36,7	47,1	7,6	578/2420

Rotkohl

> 3/4 kg Rotkohl
> 1 Zwiebel
> 1 EL Zucker
> etwas Fett
> 2 geriebene Äpfel
> 3 EL Essig
> ca. 1/4 l Wasser
> Salz
> 4 Nelken
> 2 Lorbeerblätter
> 1/8 l Rotwein
> 2 EL Johannisbeergelee

Den Rotkohl vierteln, vom Strunk befreien und fein hobeln.
Die Zwiebel schälen und hacken.
Zucker in Fett hell bräunen, Zwiebel und Äpfel zugeben, kurz andünsten, Rotkohl hinzufügen und sofort Essig darübergießen, damit das Kraut eine schöne, blaue Farbe beibehält.
Mit Wasser aufgießen, übrige Zutaten beigeben und bei mäßiger Hitze weich dünsten.
Die Garzeit beträgt ca. 1 Stunde.

TIP! Rotkohl harmoniert wunderbar mit einer gebratenen Gans und Maronen.

EW	Fett	KH	kcal/J
3,1	0,5	17,3	111/466

Linsen nach schwäbischer Art

> 1/2 kg Linsen
> 1 1/2 l Brühe
> 2 Zwiebeln
> 1/8 kg geräucherter Speck
> 1 EL Butter
> 1 EL Mehl
> 1/4 kg Spätzle
> Salz
> Pfeffer
> 2 EL gehackte Petersilie

Die Linsen über Nacht in Wasser einweichen.
Am folgenden Tag das Wasser abschütten und die Linsen in der Brühe weich kochen.
Die Zwiebeln und den Speck in gleichmäßig kleine Würfel schneiden.
In einem größeren Topf die Zwiebel- und Speckwürfel in Butter andünsten.
Mit Mehl bestäuben und dabei fortwährend rühren. Die weichgekochten Linsen hinzufügen, etwas durchrösten und mit einem Teil der passierten Linsenbrühe aufgießen.
Die Spätzle und die Gewürze beimischen.
Einige Minuten weiter köcheln.
Mit viel frischer Petersilie servieren.

TIP! Ein Eintopf für kalte Tage.

EW	Fett	KH	kcal/J
41,1	26,2	107,5	829/3470

Gebratene Zucchini

> 1 kg Zucchini
> Salz
> Pfeffer
> Öl zum Braten
> 1 Becher saure Sahne
> frisch gehackte Kräuter wie Kerbel,
> Petersilie, Schnittlauch, Basilikum
> 4 Knoblauchzehen

Die Zucchini waschen und in ca. 1 cm dicke Scheiben schneiden.
Salzen, pfeffern und kurz durchziehen lassen.
In heißem Öl von jeder Seite knusprig backen.
Die saure Sahne mit frisch gehackten Kräutern und gepreßtem Knoblauch verrühren.
Die gebratenen Zucchini auf eine Servierplatte legen und mit der Sauercreme überziehen.

TIP! Mit den vielen frischen Kräutern ist dies ein gesundes Sommergericht.

EW	Fett	KH	kcal/J
6,2	30,9	10,5	346/1448

Verlängerter Grünkohl

3/4 kg Grünkohl
1/4 kg Brotwürfel
1/8 kg Butter
1 Zwiebel
1 Prise Zucker
1/4 l Brühe
Salz
1/4 l Sahne

Den Grünkohl waschen, die Blätter von dicken Rippen befreien und in kochendem Salzwasser offen kochen lassen.
Unter kaltem Wasser abschrecken, abtropfen lassen und hacken.
Die Brotwürfel mit einem Teil der Butter hell rösten und beiseite stellen.
Die Zwiebel schälen und hacken.
In der restlichen Butter unter Zusatz von Zucker bräunlich dünsten.
Grünkohl zugeben, einige Minuten durchrühren und mit Brühe aufgießen.
Zuletzt die Brotwürfel und die Sahne zum »Verlängern« zugeben.
Nochmals abschmecken.

TIP! Dazu gekochtes Rindfleisch oder Bratwürste servieren.

EW	Fett	KH	kcal/J
12,3	49,0	20,4	577/2413

Gebackene Auberginen

3/4 kg Auberginen
Salz
Pfeffer
Saft von 1 Zitrone
100 g Mehl
Öl zum Backen
3 Schalotten
2 Knoblauchzehen
1 EL Butter
1 Bund gehackte Petersilie

Die Auberginen waschen und dann kurz abtrocknen.
Quer in dünne Scheiben schneiden.
Salzen, pfeffern und leicht mit Zitronensaft beträufeln.
Anschließend in Mehl wenden und überschüssiges Mehl abklopfen.
In heißem Olivenöl von beiden Seiten knusprig und goldgelb backen.
Die fertigen Gemüsescheiben auf einem Küchenkrepp entfetten und auf eine vorgewärmte Platte legen.
Die Schalotten und die Knoblauchzehen schälen und hacken.
In heiß schäumender Butter glasig dünsten.
Zuletzt die gehackte Petersilie einstreuen.
Den Pfanneninhalt über die geschichteten Auberginenscheiben geben.

TIP! Auberginen gehören zu der Gemüsegattung der Eierfrüchte. Sie enthalten reichlich Niacin und die Vitamine A, B1, B2 und Vitamin C.

EW	Fett	KH	kcal/J
5,3	27,8	27,0	380/1588

Paprikaschoten mit Grünkernfüllung

Abbildung

300 g Grünkernschrot
2 rote Paprikaschoten
2 gelbe Paprikaschoten
2 Zwiebeln
2 Karotten
2 EL Öl
2 EL Butter
Salz
Pfeffer
1/2 TL Curry
1 EL Sojasauce
1/2 TL Basilikum
1 Bund Petersilie
1/2 l Gemüsebrühe

Den Grünkernschrot in 1/2 Liter Wasser ca. 15 Minuten quellen lassen.

In der Zwischenzeit zwei rote und zwei gelbe Paprikaschoten längs halbieren, putzen, waschen und würfeln.

Die Zwiebeln schälen und in Ringe, Karotten schälen und in Würfel schneiden.

Öl und Butter in einer Pfanne erhitzen, vorbereitetes Gemüse, gut abgetropften Grünkernschrot, Gewürze und gehackte Petersilie hineingeben. Das Ganze unter fortwährendem Rühren einige Minuten dünsten.

Nochmals mit der Sojasauce pikant abschmecken.

Die Masse in die Paprikahälften füllen.

Die Brühe in einem genügend großen Topf zum Kochen bringen, die Paprikaschoten hineinsetzen und bei geringer Hitze etwa 15 Minuten garen.

Nach Wunsch mit Tomatensauce servieren.

TIP! Wußten Sie, daß roter Paprika doppelt soviel Vitamin C enthält wie grüner Paprika?

EW	Fett	KH	kcal/J
10,4	14,3	52,3	399/1669

Dies ist ein leckeres Rezept aus der Vollwertküche.

Krautbraten

Abbildung

1 kleiner Weißkohlkopf
4 rote Zwiebeln
1/4 kg Hackfleisch
Salz, Pfeffer
Paprikapulver
2 EL Butterschmalz
2 Nelken
1 Lorbeerblatt
200 g saure Sahne
1/4 l Gemüsebrühe
100 g Frühstücksspeck

Den Weißkohl und die Zwiebeln in breite Streifen schneiden. Das Hackfleisch mit Salz, Pfeffer und etwas Paprika würzen.
Abwechselnd Weißkohl, Zwiebeln und Hackfleisch in eine Auflaufform füllen.

Jede Schicht mit Salz und Pfeffer würzen.
Zusätzlich einige Schmalzflocken aufsetzen.
Nelken und das Lorbeerblatt dazwischen-
stecken.
Die letzte Schicht sollte Weißkohl sein.
Die saure Sahne und die Brühe verrühren; über
den Kohl gießen.
Zuletzt den Frühstücksspeck auflegen und alles
abgedeckt in den vorgeheizten Backofen bei
ca. 190 Grad schieben.
Die Garzeit beträgt etwa eine 3/4 Stunde,
wobei in den letzten fünf Minuten der Deckel
abgenommen werden sollte.

TIP! Hackfleisch immer am Einkaufstag in
der Küche verwenden, nie im Kühlschrank liegen lassen. Zu groß ist die
Gefahr der Salmonellenbildung.

EW	Fett	KH	kcal/J
18,6	39,1	9,7	554/2317

Leipziger Allerlei

1/2 kg Hackfleisch
2 Eier
4 EL Paniermehl
1 EL mittelscharfer Senf
1 Zwiebel
2 EL gehackte Petersilie
Salz
Pfeffer
4 EL Öl
300 g weißer Spargel
200 g Karotten
150 g Zuckerschoten
1/2 l Gemüsebrühe
2 Becher Crème fraîche
Muskat

Das Hackfleisch mit Eiern, Paniermehl, Senf, einer gehackten Zwiebel und 1 EL Petersilie vermischen.
Diese Mischung mit Salz und Pfeffer abschmecken.
Den Hackfleischteig zu Bällchen formen und diese in erhitztem Öl rundherum gut anbraten.
Spargel und Karotten schälen.
Anschließend in mundgerechte Stückchen schneiden.
Zuckerschoten waschen, putzen und einmal durchteilen.
Das Gemüse in der Brühe bißfest garen, herausnehmen und die Brühe auf 1/4 Liter einkochen lassen.
Mit Crème fraîche und restlicher Petersilie verrühren.
Zum Schluß Muskat zufügen, nochmals abschmecken.
Zusammen mit den Hackfleischbällchen anrichten.

 Das echte Leipziger Allerlei darf nur aus »Frischgemüse« bestehen und wird zusätzlich mit Morcheln und Krebsschwänzen serviert.

EW	Fett	KH	kcal/J
35,7	78,8	43,9	1004/4199

Kräuterchampignons in Bierteig

16 große Champignons
Zitronensaft
4 Knoblauchzehen
1 Bund gemischte
Kräuter
Meersalz
Pfeffer
1 EL Butter
125 g Mehl
125 g Speisestärke
4 Eier (getrennt)
1/4 l Bier
Fett zum Fritieren

Die Champignons abbrausen und mit Küchenkrepp abtupfen.
Den Stiel herausdrehen und mit Zitronensaft beträufeln.
Die Knoblauchzehen schälen und durch eine Presse drücken.
Die Kräuter waschen, trockentupfen und fein hacken.
Mit Meersalz und Pfeffer würzen.
Den Knoblauch, die Kräuter und die Gewürze in Butter einige Minuten dünsten und in die Pilzköpfe füllen.
Einen Teig aus Mehl, Speisestärke, Eigelb und Bier rühren.
Das Eiweiß steif schlagen und unter die Teigmasse ziehen.
In heißem Fritierfett knusprig und goldbraun backen.

TIP! Mit viel frischen Salaten der Saison, knackigem Weißbrot, einer Remouladensauce und gekühltem Weißwein servieren.

EW	Fett	KH	kcal/J
18,3	34,0	53,4	565/2365

Gemüsekuchen

Für den Teig:
1/8 kg Weizenvollkornmehl
1/8 kg Weizenmehl
1/8 l Milch
25 g Hefe
1 Ei
1 Prise Salz

Für den Belag:
1/4 kg Paprikaschoten
1/4 kg Tomaten
1/4 kg Champignons
1/4 kg Lauch
Fett für das Blech
1/8 kg Käse (Gouda, Emmentaler)
2 EL Tomatenmark
Oregano
Pfeffer
Paprika
Thymian
2 zerdrückte Knoblauchzehen
2 EL Butter
gut 1/8 l Sahne

Aus obengenannten Zutaten einen geschmeidigen Hefeteig zubereiten.
Den Teig zugedeckt an einem warmen Ort ruhen lassen.
Die Paprikaschoten waschen und in fingerdicke Streifen schneiden.
Tomaten blanchieren, häuten, entkernen und ebenfalls in Streifen schneiden.
Die Champignons säubern und feinblättrig schneiden.
Den Lauch längs halbieren, säubern und quer in ca. 1 cm dicke Stücke schneiden.
Den Käse fein würfeln.
Auf einer bemehlten Arbeitsfläche den Hefeteig auswellen und auf ein gefettetes Blech legen; andrücken.
Mit Tomatenmark bestreichen.
Das Gemüse darauf gleichmäßig verteilen und mit den Gewürzen pikant abschmecken.
Sahne darübergießen.
Das Blech in den vorgeheizten Ofen bei ca. 200 Grad schieben und etwa 1/2 Stunde backen.

Zuletzt mit Käse und Butterflocken belegen und überbacken.

 TIP! Dieser Gemüsekuchen ist der Saison entsprechend zu belegen. Dazu passen frische Salate und Apfelwein.

EW	Fett	KH	kcal/J
24,7	29,5	52,1	577/2418

Gemüse mit Joghurtsauce

1/2 kg Brokkoli
1/2 kg Karotten
1/4 kg Spargel
Salz
1 Prise Zucker
Saft von 1/2 Zitrone
2 Eier
1 Becher Naturjoghurt
Worcestersauce
weißer Pfeffer

Den Brokkoli in Röschen teilen, die Karotten schälen und mit einem Buntschneidemesser in gleichmäßige Scheibchen schneiden.
Den frischen Spargel schälen, quer halbieren und in leicht gezuckertem Salzwasser mit einem Schuß Zitronensaft ca. 1/4 Stunde garen.
Die Karotten und den Brokkoli separat blanchieren. Das abgetropfte Gemüse auf einer Servierplatte hübsch anrichten.
Eier und Joghurt über einem warmen Wasserbad cremig aufschlagen.
Mit Worcestersauce, Salz, weißem Pfeffer und Zitronensaft würzen.
Die lockere Creme löffelweise über das Gemüse geben.

TIP! Dazu passen Räucherlachs, Dillhappen und marinierte Krabben.

EW	Fett	KH	kcal/J
11,6	5,0	11,7	133/558

Lauchtorte

1/2 kg Mehl
40 g Hefe
1/4 l Milch
1 EL Zucker
2 Eier
1 Prise Salz
1 kg Lauch
50 g Butter
1/4 kg durchwachsener
Speck
4 Eier
1/4 l Milch
1 TL Kümmel
je 1 Prise edelsüßer und
rosenscharfer Paprika
Pfeffer aus der Mühle

Das Mehl auf eine Arbeitsplatte sieben und in
der Mitte eine Mulde bilden.
Die Hefe in lauwarmer Milch mit etwas Zucker
auflösen und in die Mehlgrube geben.
Diesen Teig auf die doppelte Größe aufgehen
lassen.
Mit den zimmerwarmen Eiern und 1 Prise Salz
zu einem glatten Hefeteig verarbeiten.
Nochmals ruhen lassen.
In der Zwischenzeit das Gemüse vorbereiten.
Den Lauch putzen und waschen.
In Ringe schneiden und in Butter glasig
dünsten.
Den Speck fein würfeln und dann leicht
anrösten.
Nachdem der Teig ein bis zwei Stunden geruht
hat, nochmals durchkneten.
Auf einer bemehlten Arbeitsfläche dünn aus-
rollen.
Behutsam auf ein gefettetes Backblech legen
und die Seitenränder etwas hochziehen und
andrücken.
Danach ein paar Butterflöckchen auf den Teig
geben.
Das Gemüse und den Speck vermischt darauf
verteilen.
Die vier Eier, die Milch und die Gewürze zu
einer Eiermilch vermischen.
Gut verkleppert über den Kuchen geben.

In den vorgeheizten Ofen bei ca. 200 Grad
schieben und etwa 50 Minuten backen.

TIP! Die Milch kann auch durch saure
Sahne ersetzt werden oder durch eine
Mischung aus halb Milch und halb
saure Sahne.

EW	Fett	KH	kcal/J
38,5	70,1	112,4	1207/5049

Willkommene Drehpausenunterbrechung.

Austernpilze mit Knoblauch

1/2 kg Austernpilze
3-4 EL Butter
4 Knoblauchzehen
Salz, Pfeffer
2 EL gehackte Petersilie
Saft von 1/2 Zitrone

Die Pilze sehr gut säubern und dabei die Pilz-
hüte ganz lassen.
Eine Auflaufform gut ausbuttern und anschließend die Austernpilze einsetzen.
Den Knoblauch schälen und hacken.
Zusammen mit der restlichen Butter, Salz, Pfeffer, gehackter Petersilie und Zitronensaft zu
einer geschmeidigen Masse verrühren.
Die Butterflöckchen auf den Pilzen gleichmäßig
verteilen.
In den vorgeheizten Backofen bei ca. 220 Grad
schieben und abschließend etwa 15 Minuten
backen.

TIP! Dazu paßt frisches Weißbrot und
Weißwein.

EW	Fett	KH	kcal/J
4,2	8,9	9,4	135/563

Linsenküchlein mit Paprikasauce

Abbildung

1 Zwiebel
2 EL Butterschmalz
150 g gelbe Linsen
3/8 l Fleischbrühe
1 Knoblauchzehe
3 EL Maismehl
2 Eidotter
Salz
Pfeffer
1 TL Oregano
350 g rote Paprikaschoten
2 EL Butterschmalz
1/2 TL Paprikapulver
1 EL Crème fraîche

Die Zwiebel schälen, fein hacken und in einem Eßlöffel Butterschmalz weich dünsten.
Die Linsen hinzufügen, mit der Fleischbrühe aufgießen und zugedeckt ca. 1/2 Stunde bei milder Hitze ziehen lassen.
Anschließend die abgekühlten Linsen mit dem Pürierstab des Handrührgerätes zerkleinern oder durch ein Sieb streichen.
Den Knoblauch schälen, zerdrücken und in das Püree geben.
Das Maismehl und die Eidotter unterarbeiten und die Masse mit Salz, Pfeffer und Oregano kräftig würzen.
Mit bemehlten Händen acht handtellergroße Küchlein formen.
In Butterschmalz knusprig braten; warm stellen.
Die Paprikaschoten vom Kernhaus befreien, waschen und dann in schmale Streifen schneiden.
Drei Streifen in Würfel schneiden und die übrigen ca. 1/4 Stunde in heißem Butterschmalz dünsten.
Mit 1/8 l Wasser ablöschen und mit Paprikapulver, Salz und Pfeffer würzen.
Die Crème fraîche hinzufügen und im Mixer pürieren.

Die Sauce nochmals erwärmen, Paprikawürfel zugeben und zu den Linsenküchlein servieren.

 TIP! Dazu passen Butternudeln und grüner Salat.

EW	Fett	KH	kcal/J
13,6	19,3	3,5	362/1515

Gedünsteter Lauch

2 Schalotten
2 Karotten
1/2 kg Lauch
1-2 EL Butter
2 Knoblauchzehen
gemischte, frischgehackte Kräuter
Salz, Pfeffer
1/4 l Brühe
2 EL Crème fraîche

Die Schalotten fein hacken und die Karotten in dünne Scheiben schneiden.
Den Lauch putzen und möglichst nur das Weiße verwenden.
Längs halbieren und quer in ca. 2 bis 3 cm dicke Stücke schneiden.
In kochendes Salzwasser legen, einige Minuten köcheln, kalt abbrausen und abtropfen lassen.
Eine Auflaufform ausbuttern, die gepreßten Knoblauchzehen und die Schalottenwürfel darin verteilen.
Darauf die Lauchstücke, vermischt mit Karottenscheiben legen.
Mit Kräutern und Gewürzen bestreuen und in den vorgeheizten Ofen bei ca. 200 Grad schieben.
Während der Garzeit die Brühe nachgießen.
Nach etwa 1/2 Stunde die Form herausnehmen und obenauf die Crème fraîche verteilen.

 TIP! Mit Folienkartoffeln, saurer Sahne und Brot servieren. Lauch ist reich an Vitamin A und C.

EW	Fett	KH	kcal/J
3,2	9,7	7,6	130/544

Rosenkohl unter Käsesauce

- 1/2 kg Rosenkohl
- 1 Zwiebel
- 1/8 kg geräucherte Speckwürfel
- 1 EL Butter
- 1/8 l trockener Weißwein
- 1/4 l Sahne
- Salz
- Muskat
- Pfeffer
- 1/4 kg Edamerkäse
- 1 EL gehackte Petersilie

Den Rosenkohl putzen, den Stielansatz einmal quer und einmal längs einritzen.
In kochendes Salzwasser legen und bißfest garen.

Unter kaltem Wasser abbrausen und abtropfen lassen.
Anschließend die Zwiebel schälen und fein hacken.
In heiß schäumender Butter die Zwiebelwürfel und die Speckwürfel glasig dünsten.
Mit Weißwein ablöschen.
Nach einigen Minuten dann mit Sahne verfeinern.
Den Rosenkohl in eine gebutterte Form geben.
Die gewürzte Sahnesauce mit gehobeltem Käse verrühren und zum Schluß über das Gemüse geben.
Im Grill überbacken und mit gehackter Petersilie servieren.

TIP! Mit grünen Salaten, Weißbrot und einem leichten Weißwein reichen.

EW	Fett	KH	kcal/J
25,7	58,2	7,9	643/2692

Wirsingplätzchen

1/4 kg Wirsing
1/4 kg Kartoffeln
1 Zwiebel
1 Eidotter
Salz
Pfeffer
Muskat
1/8 kg geräucherter
Speck
50 g Butter

Den frischen Wirsing verlesen, waschen, die dicken Rippen entfernen und in Salzwasser kurz blanchieren.
Mit kaltem Wasser abbrausen, abtropfen lassen und in fingerdicke Streifen schneiden.
Die Kartoffeln weich kochen, noch warm durch eine Presse drücken und mit den Wirsingstreifen durchmischen.
Zwiebelwürfelchen, Eidotter und Gewürze beimengen.
Den Speck würfeln, in wenig Butter rösten und zum Schluß untermischen.
Kleine Plätzchen formen und in heißem Fett backen.

 Das Gemüse ist durch andere, wie z.B. Spinat, zermusten Blumenkohl etc. zu ersetzen. Dazu Pfeffersteaks mit Sahnecremesauce reichen.

EW	Fett	KH	kcal/J
7,0	33,2	13,6	370/1549

Gratinierter Rosenkohl

3/4 kg Rosenkohl
1/8 kg geräucherter Schinken
1 Zwiebel
2 EL grob zerhackte Walnußkerne
Muskat
Salz, Pfeffer
1 EL Butter
4 Scheiben Edamer

Den Rosenkohl putzen und am Stielansatz einmal quer und einmal längs mit dem Messer einritzen.
In kochendem Salzwasser für ca. 5 bis 8 Minuten garen.
Anschließend kalt überbrausen und abtropfen lassen.
Den geräucherten Schinken in Streifen schneiden und die Zwiebel fein hacken.
Eine Auflaufform ausbuttern, mit den Zwiebelwürfeln und den Walnußkernen bestreuen.
Den Rosenkohl und die Schinkenstreifen hinzufügen und würzen.
In den vorgeheizten Ofen bei ca. 200 Grad schieben.
Nach etwa 10 Minuten den Rosenkohl mit Käsescheiben belegen und goldbraun überbacken.

TIP! Rosenkohl harmoniert ausgezeichnet mit Wild.

EW	Fett	KH	kcal/J
20,7	20,0	8,5	282/1179

Gefüllte Ofenkartoffeln
Abbildung

8 neue, große Kartoffeln
50 g Zuckerschoten
4 Scheiben gekochter
Schinken
80 g Gouda
100 g Champignons
1 Zwiebel
1 EL Butter
Salz
Pfeffer
200 g saure Sahne
1 Knoblauchzehe
2 Bund Schnittlauch
1 Bund Petersilie

Die Kartoffeln waschen und gut bürsten.
Etwa 20 Minuten in leicht kochendem Wasser garen.

Die Zuckerschoten putzen, in kochendem Wasser blanchieren, abgießen und in Streifen schneiden.
Den Schinken und den Käse ebenfalls in Streifen schneiden.
Champignons putzen, waschen, die Zwiebel schälen und beides würfeln.
Die Zwiebelwürfel in erhitzter Butter anschwitzen, Zuckerschoten, Champignons und gekochten Schinken zugeben.
Mit Salz und Pfeffer abschmecken,
Alles abkühlen lassen und den Käse untermischen.
Die Kartoffeln mit einem Teelöffel etwas aushöhlen.
Mit der Masse füllen und diese etwas festdrücken.
Die Kartoffeln dann im vorgeheizten Backofen bei zirka 180 Grad etwa 1/4 Stunde überbacken.

Saure Sahne mit Salz, Pfeffer und zerdrückter Knoblauchzehe abschmecken.
Schnittlauch in Röllchen schneiden und die Petersilie fein hacken.
Schnittlauchröllchen und gehackte Petersilie untermengen.
Die Kartoffeln mit der Sauce auf Tellern anrichten.
Nach Wunsch mit Salat und Kirschtomaten garnieren.

TIP! Die Ofenkartoffeln sind eine gute Beilage zu Grillfleisch. Wußten Sie, daß saure Sahne ihr unverwechselbares Aroma durch Aufrahmen und Säuern pasteurisierter Milch bekommt?

EW	Fett	KH	kcal/J
27,7	15,0	33,9	391/1638

Bohnenpaste mit Kartoffeln

1/8 kg frische grüne Bohnen
1/4 kg gekochte Kartoffeln
1 Zwiebel
1/2 Bund gehackte Petersilie
2 Knoblauchzehen
1/2 TL pulverisierter Rosmarin
1/2 TL pulverisierter Majoran
1 schwach gehäufter TL
Kräutermischung
Salz
Pfeffer
Saft von 1/2 Zitrone

Die Bohnen in einen Topf mit gesalzenem Wasser geben.
5 bis 10 Minuten kochen, bis die Bohnen gar sind.
Anschließend die Bohnen und die Kartoffeln in den Küchenmixer füllen und sehr fein pürieren.
Den Brei durch ein feines Sieb drücken, um die zurückgebliebenen harten Fasern der Bohnen zu entfernen.
Die Zwiebel schälen und hacken.
Die Petersilie, die Zwiebelwürfel und die gehackten Knoblauchzehen unter das Mus mengen.
Mit den Gewürzen und dem Zitronensaft pikant abschmecken.

TIP! Ein delikater Brotaufstrich, der sich einige Tage im Kühlschrank hält und sich zudem ausgezeichnet für den kleinen Hunger zwischendurch eignet.

EW	Fett	KH	kcal/J
2,5	0,2	14,2	69/287

Spargeltorte

1/4 kg Mehl
1 Prise Salz
1/8 kg Butter
1 Ei
etwas Wasser
Fett für die Form
1/2 kg gekochte
Spargelspitzen
3 Eier
1/8 l Sahne
einige EL saure Sahne
2 EL gehackte Petersilie
100 g gewürfelter Käse
(Emmentaler, Gouda etc.)
Salz
Pfeffer

Aus Mehl, Salz, Butter, 1 Ei und etwas Wasser einen Teig zubereiten.
Den Teig auf einer bemehlten Arbeitsfläche auswellen.
Im Anschluß daran eine gefettete Springform mit dem Teig auskleiden.
In den vorgeheizten Backofen bei ca. 200 Grad schieben und zirka 5 bis 10 Minuten vorbacken.
Anschließend die Spargelspitzen sehr gut abtrocknen.
Den vorgebackenen Teigboden mit dem Spargel belegen.
Die Eier mit Sahne, saurer Sahne, gehackter Petersilie und Käsewürfeln gründlich vermengen.
Anschließend mit Salz und Pfeffer abschmecken.
Diese Mischung über die Spargelspitzen geben.
Den Kuchen in den Ofen schieben und eine gute 1/2 Stunde backen.

 TIP! Dazu passen in Butter geschwenkte Kartoffeln und ein Glas guter trockener Wein.

EW	Fett	KH	kcal/J
24,7	53,9	49,5	792/3315

Fritierte Gemüseplatte

125 g Mehl
2 Eidotter
1/8 l Bier
Salz
weißer Pfeffer
2 Eiweiß
200 g Zucchini
250 g Brokkoli
100 g Karotten
12 frische Champignons
1 EL Butterschmalz
Salz
1 Zwiebel
je 4 Stengel Petersilie
und Zitronenmelisse
ca. 500 g Butterschmalz
zum Fritieren

Für den Teig das Mehl, die Eidotter und das Bier mit dem elektrischen Handrührgerät verquirlen.
Salzen, pfeffern und zuletzt das steif geschlagene Eiweiß unterheben.
Den Teig etwas ruhen lassen.
Die Zucchini, den Brokkoli, die Karotten und die Champignons putzen und waschen.
Die Zucchini in ca. 3 cm dicke Scheiben schneiden.
Den Brokkoli in kleine Röschen teilen, den Stiel in dünne Scheiben schneiden.
Die Karotten in kurze Streifen schneiden.
Die drei Gemüsesorten etwa 2 Minuten in kochendem Salzwasser blanchieren.
Kalt abbrausen, abtropfen und abkühlen lassen.
Die geputzten Champignons in erhitztem Butterschmalz kurz andünsten und abkühlen lassen; salzen.
Die Zwiebel schälen und in nicht zu dünne Ringe schneiden.
Die Petersilie und die Zitronenmelisse kurz überbrausen und mit Küchenkrepp trockentupfen.
Das Butterschmalz in einem Topf stark erhitzen. Die vorbereiteten Zutaten in den Bierteig tauchen und etwas abtropfen lassen.

In heißem Butterschmalz einige Minuten fritieren.
Mit einem Schaumlöffel herausnehmen und auf Küchenkrepp entfetten.

 TIP! Mit Saucen zum Dippen servieren, zum Beispiel Quarksaucen, Chutneys, verschiedene Fonduesaucen etc.

EW	Fett	KH	kcal/J
14,3	9,9	28,4	754/3155

Rheinischer Kartoffelkuchen »Döbbelkoochen«

1 kg mehlig kochende Kartoffeln
3 Zwiebeln
Salz
weißer Pfeffer
4 Eier
50 g Butterschmalz
1/4 kg durchwachsener Speck

Die Kartoffeln waschen, schälen und grob raffeln.
Die Zwiebel schälen, halbieren und in dünne Scheiben schneiden.
Alles vermischen und salzen und pfeffern.
Die verquirlten Eier darunterheben.
Einen Bräter mit einem Teil Schmalz ausfetten und die Kartoffel-Zwiebel-Masse hineinfüllen.
Das restliche Butterschmalz in einer Pfanne erhitzen.
Den fein gewürfelten Speck unter Rühren anbräunen und über die Kartoffelmasse geben.
Im vorgeheizten Backofen bei ca. 220 Grad etwa eine 3/4 Stunde backen.

TIP! Verschiedene Kompotte oder Apfelmus dazu reichen.

EW	Fett	KH	kcal/J
13,5	59,4	6,5	774/3239

Meine Lieblingsrezepte

SALATE

Gänseblümchensalat

Abbildung Seite 146/147

2 Stück gelber
Löwenzahn
1 Bund Brunnenkresse
1 Kopf Radicchio
2 Kopf Friséesalat
ca. 40 Gänseblümchen
3 EL Sherryessig
4 EL Walnußöl
3 EL Essiggurkenwasser
Salz
Pfeffer

Alle Salate verlesen und waschen; abtropfen lassen.
Anschließend jeweils in mundgerechte Stücke zupfen.
Vom Löwenzahn den Strunk abschneiden und die Brunnenkresse abzupfen.
Von den Gänseblümchen die Stiele abschneiden.
Aus Sherryessig, Öl, Essiggurkenwasser und Gewürzen eine herzhafte Salatsauce zubereiten.
Alle Zutaten miteinander vermengen und hübsch auf Tellern anrichten.
Zum Schluß einige Gänseblümchen auf dem Salat verteilen.

 TIP! Beliebige Kräuter hinzufügen und mit frischem Stangenbrot und Butter reichen.

EW	Fett	KH	kcal/J
2,8	20,4	2,5	202/845

Perlhuhnsalat

1 küchenfertiges Perlhuhn
Salz
Pfeffer
Thymian
Grillgewürz
Öl
1/4 kg Tomaten
1/4 kg Champignons
1/8 kg grüne Bohnen
Weinessig und Olivenöl oder
Pflanzenöl nach Geschmack
1 Prise Zucker
1 Handvoll junge Kapuzinerblüten
und -blätter

Das küchenfertige Perlhuhn innen und außen waschen und trockenreiben.
Salzen, pfeffern und mit Thymian und Grillgewürz einreiben.
Anschließend von allen Seiten in Öl kräftig anbraten.
In den vorgeheizten Ofen bei ca. 220 Grad schieben.
Die Garzeit beträgt ca. 20 Minuten.
Das fertige Perlhuhn von den Knochen befreien und in Streifen schneiden.
Die Tomaten blanchieren, häuten, entkernen und in Achtel schneiden.
Die Champignons mit einem feuchten Tuch abreiben und feinblättrig schneiden.
Die frischen grünen Bohnen blanchieren, kalt überbrausen und abtropfen lassen.
Aus Essig, Öl, Zucker, Salz und Pfeffer eine pikante Marinade zubereiten.
Alle Salatzutaten miteinander vermengen und auf vier Tellern mit den Kapuzinerblüten und -blättern hübsch anrichten.
Obenauf die gebratenen Perlhuhnstreifen legen.

 TIP! Das Perlhuhn ist beliebig durch Hähnchen, Pute oder auch Wachteln zu ersetzen.

EW	Fett	KH	kcal/J
19,6	13,5	2,1	207/866

Kohlrabi mit Beifuß

1/2 kg Kohlrabi
Saft von 1 Zitrone
4 EL Beifußblütenrispen
Sonnenblumenöl und
Weißweinessig nach Geschmack
Salz
Pfeffer
2 EL gehackter Schnittlauch

Den Kohlrabi schälen, fein raspeln und mit Zitronensaft marinieren.
Die Beifußblütenrispen waschen und trocken-schwenken.
Anschließend in einer Schüssel mit einigen Eßlöffeln Sonnenblumenöl vermengen; ca. 10 Minuten ziehen lassen.
Alle Zutaten miteinander vermischen und gut abschmecken.

 Ein nicht alltäglicher Salat, der sich aus-gezeichnet als Vorspeise eignet. Aber auch als Hauptspeise mit überbackenen Kartoffeln und Schinken ist er zu emp-fehlen.

EW	Fett	KH	kcal/J
2,6	10,2	5,4	123/515

Blumenkohl mit Kohlrabi

1/2 Blumenkohlkopf
2 Kohlrabi
Saft von 1 Zitrone
1 Zwiebel
1/4 l saure Sahne
Salz
Pfeffer
edelsüßes und rosenscharfes
Paprikapulver
1 Handvoll gehackte Kräuter

Den Blumenkohl in kleine Röschen teilen, waschen und in kochendes Salzwasser legen.

Sobald das Gemüse bißfest gekocht ist, mit kaltem Wasser abschrecken und abtropfen lassen.
Den Kohlrabi schälen und fein raspeln; mit Zitronensaft beträufeln.
Die Zwiebel schälen und dann sehr fein hacken.
Die saure Sahne mit Salz, Pfeffer, beiden Paprikasorten und den gehackten Kräutern verrühren.
Zuletzt alles miteinander vermischen.

 Dazu Kartoffelplätzchen mit Hackfleisch gefüllt servieren.

EW	Fett	KH	kcal/J
6,1	6,7	9,3	121/505

Chicoréesalat mit Nüssen

1/2 kg Chicorée
1/8 kg Gruyère Käse
1 EL mittelscharfer Senf
Olivenöl oder Pflanzenöl
Weißweinessig
Salz
Pfeffer
4 EL gehackte Walnüsse

Den Chicorée waschen und quer in dünne Streifen schneiden.
Den Käse klein würfeln.
Senf mit Öl, Essig, Salz und Pfeffer nach Geschmack mischen.
Zuletzt alle Zutaten gut miteinander ver-mengen und die gehackten Walnüsse darüber-streuen.

 Der Käse ist beliebig austauschbar. Sie können den Salat auch mit Schin-ken, Zwiebeln und Knoblauch er-weitern.

EW	Fett	KH	kcal/J
10,5	27,4	4,8	310/1298

Zucchinisalat mit Champignons

1/2 kg Zucchini
1/4 kg Champignons
2 Zwiebeln
3 Knoblauchzehen
4 Tomaten
3 EL Olivenöl oder Pflanzenöl
3 EL Sherryessig
3 EL Sahne
Salz
Pfeffer
je 1 Prise Oregano
und Basilikum

Die Zucchini waschen und in ca. 1 cm dicke Scheiben schneiden.
In kochendem Salzwasser kurz aufkochen und mit kaltem Wasser abschrecken.
Die Pilze putzen, mit einem feuchten Tuch abreiben und in feine Scheiben schneiden.
Die Zwiebeln und die Knoblauchzehen schälen und hacken.
Die Tomaten waschen, an der Oberfläche einmal quer und einmal längs einschneiden.
Anschließend blanchieren, kalt abbrausen, häuten und vierteln.
Mit einem scharfen Messer die Kerne herauskratzen und das Fruchtfleisch in Streifen schneiden.
In heißem Öl Zwiebel und Knoblauch glasig schwitzen.
Champignons hinzufügen und so lange dünsten, bis der Pilzsaft fast aufgesogen ist.
Dabei öfter umrühren.
Den Pfanneninhalt mit den Zucchinischeiben und den Tomatenstreifen mischen.
Eine Marinade aus Essig, Sahne und den Gewürzen zubereiten.
Über den Salat geben und servieren.

 Der Salat kann durch Gemüse der Saison beliebig erweitert werden.

EW	Fett	KH	kcal/J
5,4	21,8	8,9	292/1222

Weißer Bohnensalat

1/2 kg weiße Bohnen
1/4 kg rote Paprikaschoten
1/4 kg Weißkohl
1 Zwiebel
2 Knoblauchzehen
1 EL Butter
Salz
Pfeffer
1 Prise rosenscharfer Paprika
5 EL Olivenöl oder Pflanzenöl
4 EL Weißweinessig
2 EL gehackte Petersilie

Die weißen Bohnen mit kaltem Wasser bedeckt über Nacht ziehen lassen.
Das Einweichwasser abschütten, mit klarem, gesalzenem Wasser auffüllen und zum Kochen bringen.
Die Kochzeit beträgt etwa 1 Stunde.
In der Zwischenzeit die Paprikaschoten waschen, der Länge nach vierteln, entkernen und quer in Streifen schneiden.
Den Weißkohl fein hobeln.
Die Zwiebel und die Knoblauchzehen schälen und hacken.
In schäumend heißer Butter die Zwiebel- und Knoblauchwürfel glasig schwitzen.
Den gehobelten Kohl hinzufügen und einige Minuten weiterdünsten.
Die Pfanne vom Herd nehmen und den Inhalt mit obigen Geschmackszutaten pikant abschmecken.
Die fertigen weißen Bohnen abgießen und danach warm in eine größere Salatschüssel geben.
Mit den übrigen Zutaten vermischen.
Den Salat mindestens einige Stunden ziehen lassen.

 Fleischliebhaber können hierzu dünne, gegrillte Kalbsschnitzelchen, die vorher in Zitrone mariniert wurden, reichen.

EW	Fett	KH	kcal/J
4,8	29,7	66,6	651/2724

Bunter Gemüsesalat

Abbildung

1 Fenchelknolle
1 Zucchini
4 Karotten
1 gelbe Paprikaschote
4 Stangen Bleichsellerie
4 Tomaten
1 Bund weiße Rübchen
1/8 kg Brokkoliröschen
1/4 kg eingeweichte rote Bohnen
2 Becher Joghurt
1 gehackte Schalotte
1 TL Senf
Salz, Pfeffer
Paprikapulver
1/2 TL Honig
2 EL Tomatenketchup

Den Fenchel putzen, halbieren und in Streifen, die Zucchini in dünne Scheiben schneiden.
Die Karotten schälen; In Streifen schneiden. Paprika putzen, entkernen und passend zu den Karotten schneiden.
Bleichsellerie waschen und in Scheiben schneiden. Tomaten achteln, Rübchen schälen und passend dazu schneiden.
Den Brokkoli blanchieren, abschrecken und abtropfen lassen. Alle Gemüse sowie die roten Bohnen anrichten.
Aus Joghurt, Schalottenwürfeln und Gewürzen eine pikant abgeschmeckte Marinade zubereiten; separat reichen.

 Eine originelle und kalorienarme Idee zur Cocktailstunde.

EW	Fett	KH	kcal/J
18,4	4,6	48,6	309/1294

151

Salatschüssel Exotica

Abbildung

4 hartgekochte Eier
1 rote Paprikaschote
1 mittlerer Chinakohl
100 g frische Champignons
Saft von 1 Zitrone
1 Kiwi
1/4 kg Shrimps
2 Becher Joghurt
1 Schuß Weißwein
Salz, Pfeffer, Curry
Worcestersauce
2 EL frischgehackte Kräuter

Die gekochten Eier schälen und in Achtel schneiden.
Den roten Paprika waschen, entkernen und würfeln.

Den Chinakohl putzen, waschen und in nudelartige Streifen schneiden.
Die Champignons mit einem feuchten Tuch abreiben und feinblättrig schneiden; mit Zitronensaft beträufeln.
Die Kiwi schälen, in Scheiben schneiden.
Alle Zutaten mit den Shrimps in einer Salatschüssel anrichten. Aus Joghurt, Weißwein, Salz, Pfeffer, Curry, Worcestersauce und Kräutern eine pikante Sauce zubereiten.
Darübergeben und mischen.

TIP! Der Hauch Exotik kann durch verschiedene Extrazugaben, wie z.B. frische Ananaswürfel, Bananen, Mandelblättchen etc. verstärkt werden. Dazu einen gekühlten Pflaumenwein und krosses Brot reichen.

EW	Fett	KH	kcal/J
53,5	11,0	12,7	327/1369

Kleesalat mit Früchten

1 Kopfsalat
2 Orangen
150 g blaue Weintrauben
1 Apfel
1 Handvoll Wiesenkleeblüten
1 Becher Naturjoghurt
etwas Orangensaft
Saft von 1/2 Zitrone
2 EL Sherryessig
1 Prise Zucker
Salz
Pfeffer

Den Kopfsalat putzen, in kaltem Wasser waschen, zerpflücken und gut abtropfen lassen.
Eine große Salatschale mit den Blättern auslegen.
Die Orangen schälen und mit einem sehr scharfen Messer die Fruchtfiletstücke heraustrennen.
Die Orangen in die Salatschüssel geben, den Saft auffangen.
Die Weintrauben sorgfältig waschen, halbieren, entkernen und dann ebenfalls in die Salatschüssel geben.
Den Apfel waschen und ungeschält vierteln, entkernen und dann in feine Scheiben schneiden.
Die Wiesenkleeblüten waschen, zupfen und fein hacken.
Die Wiesenkleeblüten und die Apfelscheiben in die Salatschüssel geben.
Für die Marinade Joghurt mit Orangensaft, Zitronensaft, Sherryessig, Zucker, Salz und Pfeffer verrühren.
Salat und Marinade locker vermengen und gleich servieren.

TIP! Dazu paßt eine gemischte Käseplatte und dunkles Bier.

EW	Fett	KH	kcal/J
2,8	1,9	17,0	124/519

Seezungensalat Bornholm

1/2 kg Seezungenfilets
2 Becher Naturjoghurt
1/2 Bund gehackter Dill
Salz
weißer Pfeffer
1 Zwiebel
1 Apfel

Für den Sud:
1/4 l Weißwein
3 EL Essig
1 kleine Zwiebel
1 Nelke
1 Lorbeerblatt
Salz
einige Pfefferkörner
Dillzweige

Die Seezungenfilets waschen und in fingerdicke Streifen schneiden.
Einen Topf mit ca. 1/4 l Wasser, Weißwein, Essig, einer mit der Nelke gespickten Zwiebel, Lorbeerblatt, Salz, Pfefferkörnern und Dillzweigen zum Kochen aufstellen.
Die Seezungenstreifen einlegen und gar ziehen lassen.
In der Zwischenzeit Joghurt, gehackten Dill, Salz und Pfeffer verrühren.
Zwiebel und Apfel schälen und beides in die Marinade raspeln.
Die fertig gekochten Fischstreifen unter den Joghurt heben.

TIP! Damit der wertvolle Fischsud nicht verlorengeht, gibt es zwei Möglichkeiten: eine Fischsuppe einplanen oder den abgeseihten Sud zum baldigen Gebrauch auf dem Speiseplan einfrieren.

EW	Fett	KH	kcal/J
24,9	10,7	0,7	110/458

Gemischter Pfifferlingsalat

> 1/2 kg frische Pfifferlinge
> 1/4 kg Tomaten
> 1 große Zwiebel
> 1 Bund Petersilie
> 1 EL Butter
> Salz
> Pfeffer
> 4 EL Sahne
> 2 EL Essig
> 1 EL Olivenöl oder
> Pflanzenöl

Die Pfifferlinge verlesen, putzen und vierteln oder je nach Größe halbieren.
Die Tomaten waschen, blanchieren und dann häuten.
Anschließend in Achtel schneiden.
Die Zwiebel schälen und hacken.
Den Bund Petersilie reinigen und ebenfalls hacken.
Die Butter erhitzen und darin die Zwiebelwürfel glasig schwitzen.
Pfifferlinge hinzufügen und zusammen weiter dünsten.
Salzen, pfeffern und Petersilie einstreuen.
Zuletzt mit Sahne verfeinern.
Die Pfanne vom Herd nehmen und den Inhalt in eine Schüssel füllen.
Mit Tomatenachteln und den restlichen Zutaten wie Essig und Öl vermengen.
Den Salat im Kühlschrank einige Stunden ziehen lassen.

 Zu diesem Salat einen herben Weißwein und frisches Knoblauch-Baguette servieren.

EW	Fett	KH	kcal/J
3,4	15,8	7,9	208/870

Waldorfsalat

> 100 g Walnußkerne
> 3 säuerliche Äpfel
> 2 junge Sellerieknollen
> Saft von 1 Zitrone
> 100 g Mayonnaise
> Salz
> weißer Pfeffer
> 1 Prise Zucker
> ca. 4 EL Sahne
> 8 schöne Salatblätter und
> 4 Cocktailkirschen
> zum Garnieren

Die Walnußkerne (acht zum Garnieren zurücklegen) hacken.
Die Äpfel schälen, dann vierteln und entkernen.
Sellerieknollen schälen, waschen, abtropfen lassen.
Beides in sehr feine Stifte schneiden oder grob raspeln.
Äpfel und Sellerie mit Nüssen und Zitronensaft mischen.
Mayonnaise mit Salz, Pfeffer und Zucker würzen; glattrühren.
Sahne steif schlagen und unter die Mayonnaise heben.
Alle Zutaten miteinander vermengen und zugedeckt im Kühlschrank ca. 20 Minuten ziehen lassen.
Gegebenenfalls danach alles nochmals abschmecken.
Die Salatblätter abbrausen und anschließend trockentupfen.
Je zwei Salatblätter auf vier vorbereitete Teller legen.
Den Waldorfsalat darauf verteilen.
Mit je einer Cocktailkirsche und den Walnußkernen garnieren.

 Ein Klassiker unter den Salaten, der sehr gerne als Vorspeise gereicht wird.

EW	Fett	KH	kcal/J
6,6	44,0	18,9	487/2039

Gurkensalat mit Joghurt

2 Salatgurken
5 Knoblauchzehen
Salz
2 Becher Naturjoghurt
einige EL Sahnequark
frischgehackter Dill
Pfeffer
1 Schuß Olivenöl oder Pflanzenöl

Die Salatgurken schälen, der Länge nach halbieren und mit Hilfe eines Löffels das Innere herauskratzen.
Dann in kleine Würfelchen schneiden.
Die Knoblauchzehen schälen und mit wenig Salz durch die Presse in den Joghurt drücken.
Mit Sahnequark glattrühren, die Gurkenwürfel und den gehackten Dill hinzufügen.
Mit den restlichen Zutaten abschmecken.
Im Kühlschrank mindestens 1 Stunde ziehen lassen.

TIP! Dazu passen gegrilltes Fleisch und Fladenbrot.

EW	Fett	KH	kcal/J
7,5	5,9	10,8	153/639

Nudelsalat mit Kürbis

1/4 kg gekochte Nudeln Ihrer Wahl
1/4 kg süßsauer eingelegter Kürbis
1 Salatgurke
1 Becher Naturjoghurt
Salz, Cayennepfeffer
1 Prise Zucker
2 EL Kürbissaft
Obstessig und Sonnenblumenöl nach Geschmack
1 Schälchen Kresse

Die gekochten, kalten Nudeln mit dem zerkleinerten Kürbis locker vermengen.

Die Salatgurke schälen, längs halbieren, mit Hilfe eines Löffels die Kerne herauskratzen; in mundgerechte Stücke schneiden und ebenfalls untermengen.
Aus den übrigen Zutaten eine pikante Marinade zubereiten und unter den Salat heben.
Mit Kresse garnieren.

TIP! Als Beilage passen frische Brötchen mit angemachtem Quark.

EW	Fett	KH	kcal/J
6,6	12,5	26,7	247/1034

Ananas-Sauerkraut-Salat

1/4 kg frische Ananas
1/4 kg säuerliche Äpfel
1/4 kg rohes Sauerkraut
1 Becher saure Sahne
1 Becher Naturjoghurt
Salz, weißer Pfeffer
1 Prise Zucker
1 kleine Tasse Ananassaft
2 EL gehackte Petersilie

Die Ananas schälen und in kleine Ecken schneiden. Die Äpfel schälen, entkernen und in dazu passende Stücke schneiden.
Sauerkraut, Äpfel und Ananas vermengen.
Eine Marinade aus den restlichen Zutaten zubereiten und über den Salat geben.

TIP! Für schlanke Tage unbedingt zu empfehlen!

EW	Fett	KH	kcal/J
4,8	7,1	25,3	186/778

Aus meiner Spezialdiät.

Kopfsalat mit Zwiebeln

1 Kopfsalat
3 Zwiebeln
Walnußöl und Sherryessig
nach Geschmack
Salz
weißer Pfeffer
Saft von 1/2 Zitrone
1/2 Bund frischgehackte Petersilie

Den Kopfsalat waschen und nur die schönsten Blätter verwenden.
Die Zwiebeln schälen und dann in Ringe schneiden.
Eine pikante Marinade aus den restlichen Zutaten bereiten.
Alles gründlich vermengen und sofort servieren.

TIP! Die Menge der Zutaten ist knapp bemessen, da der Salat als Vorspeise gedacht ist. Als Hauptgericht kleine Fleischfrikadellen mit Käse überbacken dazu reichen.

EW	Fett	KH	kcal/J
1,2	12,8	3,1	118/493

Pikant angemachter Feldsalat

1/4 kg Feldsalat
1 Zwiebel
1 Becher Joghurt
Salz
weißer Pfeffer
1 TL Senf
2 EL Olivenöl oder Pflanzenöl
1 Prise Zucker
4 EL Walnußhälften

Den Feldsalat verlesen, putzen und die Blätter mit kaltem Wasser abbrausen, dann abtropfen lassen.

Die Zwiebel schälen und klein hacken.
Aus den restlichen Zutaten wie Joghurt, Salz, weißem Pfeffer, Senf, Öl, Zucker und Zwiebelwürfeln eine fein abgeschmeckte Marinade anrühren; über den Salat geben.
Mit Walnußhälften garnieren.

TIP! Feldsalat ist eine der ergiebigsten Vitaminquellen für Vitamin A.

EW	Fett	KH	kcal/J
5,0	14,8	3,4	160/670

Griechischer Bauernsalat »Sarikakis«

Abbildung

1 Salatgurke
1/2 kg Tomaten
2 Zwiebeln
1/4 kg Schafkäse
1/8 kg schwarze Oliven
2 Knoblauchzehen
Salz, Pfeffer
1 TL Majoran
3 EL Essig
4 EL Olivenöl

Die Gurke und die Tomaten waschen.
Tomaten achteln und die Gurke (nicht schälen) in Scheiben schneiden.
Die Zwiebeln schälen und Ringe daraus schneiden.
Den Schafkäse würfeln.
Alle Salatzutaten einschließlich der Oliven der Reihe nach auf einer Platte anrichten.
Eine Marinade aus zerdrücktem Knoblauch, Salz, Pfeffer, Majoran, Essig und Öl zubereiten.
Über den Salat geben.

 TIP! Besorgen Sie dazu frisches Fladenbrot und geharzten Wein.

EW	Fett	KH	kcal/J
16,2	45,6	9,7	511/2138

Rindfleischsalat

1 Kopf Lollo Rosso
200 g Feldsalat
2 mittelgroße Radicchio
4 Tomaten
1 Bund Radieschen
400 g gekochtes Rindfleisch
1 Zwiebel
1 Knoblauchzehe
150 g mittelscharfer Senf
4 EL Öl
1 Becher Sahne
Saft von 1/2 Zitrone
1 Prise Zucker
Salz
Pfeffer

Alle Salate putzen, waschen und in mundgerechte Stücke zupfen.

Die Tomaten achteln.
Anschließend die Radieschen feinblättrig schneiden.
Das gekochte Rindfleisch in nudelartige Streifen schneiden.
Alle Zutaten vermengen und auf vier tiefe Teller verteilen.
Die Zwiebel und den Knoblauch schälen und hacken.
Eine Sauce aus Senf, Öl, Sahne, Zitronensaft, Zucker, Gewürzen und dem Zwiebel-Knoblauch-Gemisch zubereiten.
Diese fertige Sauce löffelweise über die Salate geben.

TIP! Dazu paßt frisches, gemischtes Brot und Bier.

EW	Fett	KH	kcal/J
4,7	43,9	16,4	416/1741

Spinatsalat mit Schwarzwälder Schinken

1 kg frischer Spinat
Salz
weißer Pfeffer
1 Prise Zucker
Saft von 2 Zitronen
5 EL Öl
1 Zwiebel
2 hartgekochte Eier
100 g Schwarzwälder
Schinken in hauchdünnen
Scheiben

Den frischen, jungen Spinat gründlich verlesen, waschen und in wenig Salzwasser blanchieren, d.h. kurz aufwellen lassen und anschließend sofort mit sehr kaltem Wasser kräftig überbrausen.

Eine Marinade aus obengenannten Zutaten zubereiten, die gewürfelte Zwiebel untermengen und den abgetropften Spinat damit übergießen.

Die hartgekochten Eier fein hacken und über den Salat streuen.

Die Schinkenscheiben einzeln rollen und dazulegen.

TIP! Es muß nicht unbedingt Schwarzwälder Schinken sein. Nehmen Sie einfach Ihren Lieblingsschinken oder mal ganz etwas anderes wie zum Beispiel Krabben.

EW	Fett	KH	kcal/J
14,1	37,7	2,8	393/1644

Heringssalat süß-sauer

Abbildung

> 4 Salzheringe
> 1 Essiggurke
> 2 säuerliche Äpfel
> 1/4 kg gebratenes Kalbfleisch
> 1 EL Johannisbeergelee
> 1 TL mittelscharfer Senf
> 1 EL Kapern
> Saft von 1 Zitrone
> 2 EL Perlzwiebeln
> 2 EL Essig
> 2 EL Öl
> Salz
> Pfeffer
> Zucker

Die Salzheringe wässern, entgräten, abziehen und in Stücke schneiden.
Die Essiggurke fein würfeln.
Äpfel schälen, entkernen und mit dem Kalbfleisch passend zu der Essiggurke schneiden.
Aus allen Zutaten einen herzhaften Salat fertigen; einige Stunden ziehen lassen.

 TIP! Zu salzigen Gerichten paßt immer gut ein Bier.

EW	Fett	KH	kcal/J
28,7	30,4	9,9	429/1793

Chinakohl mit Orangenfilets

> 1/2 kg Chinakohl
> 1/4 kg Orangen
> 1 Becher Naturjoghurt
> 1/2 Becher saure Sahne
> Saft von 1 Zitrone
> 50 g gehackte Walnüsse
> 1 geraspelter Apfel
> 100 g körniger Frischkäse

Den Chinakohl säubern und in feine Streifen schneiden.
Die Orangen schälen, filetieren.
Joghurt mit saurer Sahne, Zitronensaft, gehackten Nüssen und dem geraspelten Apfel verrühren.
Alle Zutaten miteinander vermengen.
Den Frischkäse oben auf dem Salat gleichmäßig verteilen.

TIP! Eine schnelle, gesunde und ausgewogene Mahlzeit, die besonders an heißen Tagen zu empfehlen ist.

EW	Fett	KH	kcal/J
10,2	12,7	14,5	190/793

Salat von Wildkräutern

> ca. 1/4 kg frische Kräuter
> 2 rote, gehackte Zwiebeln
> Salz
> Pfeffer
> 1 Prise Zucker
> Olivenöl oder Pflanzenöl
> Rotweinessig

Verwenden Sie nur die jungen Blätter von Brennesseln, Brunnenkresse, Spitzwegerich, Kerbel, Huflattich, Maßliebchen, Sauerampfer, Frauenmantel, Schafgarbe und solche, die Sie gut kennen.
Die Blätter verlesen, waschen und in gleichmäßige Streifen schneiden.
Eine Marinade aus oben genannten Zutaten bereiten und unter die Kräuter mischen.

TIP! Wenn Sie nicht über besondere Kräuterkenntnisse verfügen, dann pflücken Sie bitte keine Kräuter in Feld, Wald und Wiese. Kaufen Sie lieber einen großen gemischten Strauß Kräuter auf einem gut sortieren Gemüsemarkt.

EW	Fett	KH	kcal/J
1,7	10,3	2,8	113/471

Matjes-Kartoffel-Salat

8 Matjesfilets
3 Gewürzgurken
1/2 kg gekochte Kartoffeln
2 Äpfel
Saft von 1/2 Zitrone
1/4 l Crème fraîche
1/8 l Sahne
4 EL Öl
Salz
Pfeffer
1 Kopfsalat
2 rote Zwiebeln
1 Bund Schnittlauch
4 Kirschtomaten

Die Fischfilets und die Gewürzgurken in Streifen und die Kartoffeln ebenfalls in Scheiben schneiden.
Die Äpfel schälen, entkernen, dann in Würfel schneiden und mit etwas Zitronensaft beträufeln.
Crème fraîche, Sahne, Öl, Zitronensaft, Salz und Pfeffer cremig verrühren.
Anschließend mit den Matjes, Kartoffeln und den Äpfeln vermengen.
Den Kopfsalat verlesen, waschen und in Streifen schneiden.
Mit den Salatstreifen auf vier tiefen Tellern Nestchen anrichten.
Dann den Fisch-Kartoffel-Salat gleichmäßig darauf verteilen.
Danach die Zwiebeln schälen und in Ringe schneiden.
Den Schnittlauch in feine Röllchen schneiden und die Kirschtomaten achteln.
Den Salat damit garnieren.

TIP! Dazu schmecken ofenwarmes Baguette, Bier und ein Schnaps besonders gut.

EW	Fett	KH	kcal/J
38,6	100,7	20,1	1134/4745

Marinierte Zucchini

1/2 kg Zucchini
Salz
Pfeffer
1 TL italienische Kräutermischung
5 EL Olivenöl oder Pflanzenöl
4 EL Balsamico-Essig
3 EL Wasser
4 Tomaten
2 Zwiebeln
4 Scheiben Käse
4 Scheiben Lachsschinken

Die Zucchini waschen und quer in dünne Scheiben schneiden.
Leicht salzen, pfeffern und mit Kräutern bestreuen.
In heißem Öl von beiden Seiten einige Minuten dünsten.
Die gedünsteten Zucchinischeiben in eine größere Schüssel legen.
Den Bratensatz mit Essig und 3 EL Wasser aufgießen.
Anschließend würzen und in die Salatschüssel gießen.
Die Tomaten waschen, achteln und ebenfalls zugeben.
Zuletzt die Zwiebeln schälen, in Ringe schneiden und unterheben.
Den Salat im Kühlschrank etwas durchziehen lassen.
Zum Abschluß den Salat auf vier Teller verteilen.
Mit je einer Käse- und einer Lachsschinkenscheibe garnieren.

TIP! Nach Belieben die Zucchini raffeln und ohne Anbraten marinieren. Zu diesem Salat Weißbrot mit einer Leberfarce und einen leichten Weißwein servieren.

EW	Fett	KH	kcal/J
17,2	41,9	6,1	446/1867

Blumenkohlsalat

Salz
1 mittlerer Blumenkohlkopf
200 g Erbsen
200 g Karotten
1 Zwiebel
2 Knoblauchzehen
1 EL Butter
1 Bund Schnittlauch
3 EL Essig nach Geschmack
3 EL Olivenöl oder
Pflanzenöl
Saft von 1/2 Zitrone
Pfeffer

Einen Topf Wasser mit einer Prise Salz zum Kochen bringen.
Den Blumenkohl in kleine Röschen teilen und in das kochende Wasser geben.
Einige Minuten kochen, so daß das Gemüse noch knackig ist.
Unter kaltem Wasser abspülen und abtropfen lassen.
Ebenso mit den Erbsen und den gewürfelten Karotten verfahren.
Die Zwiebel und die Knoblauchzehen schälen und hacken.
Diese in schäumend heißer Butter glasig dünsten.
Einige Minuten bei milder Hitze weitergaren.
Das Gemüse in eine Salatschüssel legen.
Schnittlauch putzen, schneiden und darüberstreuen.
Den Pfanneninhalt mit Essig, Öl und Zitronensaft aufgießen.
Sehr pikant abschmecken und über das Gemüse geben.

 Mit getoastetem Weißbrot servieren.

EW	Fett	KH	kcal/J
3,4	17,4	5,1	233/973

Reissalat mit Obst

1/4 kg gekochter Reis
1/4 kg frische Ananas
2 Orangen
2 Bananen
Saft von 1 Zitrone
100 g gemischte
Weintrauben
1 EL Mangochutney
1/8 l Sahne
Curry und Kardamom
nach Belieben
1 EL gehackte Nüsse
zum Garnieren

Den gekochten Reis in eine größere Salatschüssel geben.
Die Ananas in kleinen Achteln zum Reis schneiden.
Die Orangen sorgfältig schälen, auch die weiße Innenhaut entfernen.
Filets herausschneiden und den Orangenrest ausdrücken; beiseite stellen.
Die Bananen schälen und quer in dünne Scheiben schneiden.
Anschließend mit dem ausgepreßten Zitronensaft beträufeln.
Die Trauben waschen, halbieren und Kerne entfernen.
Eine Marinade aus den restlichen Zutaten zubereiten.
Über den Salat geben.
Alles kräftig durchmischen und mit Nüssen bestreuen.
Kurz ziehen lassen.

TIP! Zu dem Reissalat kleine, pikante Pfannkuchen reichen.

EW	Fett	KH	kcal/J
4,1	12,0	36,2	299/1253

Blattsalate mit Thymian-Leber

1/4 kg Gänseleber
weißer Pfeffer
2 EL frische Thymianblättchen
1/2 Friséesalat
1/2 Radicchio
1/2 Eichenlaubsalat
5 EL Zitronenessig
4 EL Weißwein
3 EL Sonnenblumenöl
3 EL Walnußöl
1 TL scharfer Senf
Salz
Pfeffer
3 Schalotten
1 EL Butterschmalz
4 Kirschtomaten

Die Leber waschen, trockentupfen und in Scheibchen schneiden.
Rundherum mit Pfeffer und Thymianblättchen würzen. Zugedeckt kalt stellen.
Die Salate putzen, waschen, trockenschleudern und auf vier Tellern hübsch anrichten.
Aus Essig, Weißwein, Öl, Senf, Salz und Pfeffer eine Marinade zubereiten.
Die Schalotten abziehen und hacken.
Das Butterschmalz in einer Pfanne erhitzen und darin die Schalottenwürfel glasig anschwitzen.
Die Leberstreifen hinzufügen und rundherum knusprig anbraten. Die Leber herausnehmen und die Pfanne vom Herd nehmen. Die Marinade in die Pfanne gießen, ein paarmal hin- und herschwenken und gleichmäßig über die Salatblätter träufeln.
Die Kirschtomaten achteln und zusammen mit den Leberstreifen auf den Salat anrichten.

TIP! Diese feine Vorspeise schmeckt auch mit Kalbsleber sehr gut. Für Kalorienbewußte empfiehlt sich ein leichtes Joghurtdressing.

EW	Fett	KH	kcal/J
15,7	35,3	3,2	410/1715

Orangen-Zwiebel-Salat mit Hähnchenbrust

Abbildung

200 g Feldsalat
1 Bund Löwenzahn
100 g Radicchio
4 Orangen
4 Hähnchenbrustfilets à ca. 125 g
Salz
Pfeffer
Paprikapulver
Mehl zum Wenden
1 EL Butter
150 g Kräuterfrischkäse
1/8 l Sahne
1 Bund Petersilie
1 Bund Schnittlauch
1 EL Öl
Saft von 1 Zitrone
2 rote und weiße Zwiebeln

Feldsalat, Löwenzahn und Radicchio verlesen, putzen und waschen.
Die Orangen so schälen, daß keine weiße Haut mehr zu sehen ist und in Filets schneiden. Die Hähnchenbrüste mit Salz, Pfeffer und Paprikapulver würzen, in Mehl wenden und in heißer Butter braten.
Aus den übrigen Zutaten – ausgenommen den Zwiebeln – eine Sauce rühren und abschmecken.
Die Zwiebeln schälen und in Ringe schneiden. Unter die Sauce, zusammen mit der Hälfte der Orangenfilets, mengen.
Den Salat auf Tellern anrichten, die Sauce in die Mitte geben und die übrigen Orangenfilets darauf anrichten.
Die Hähnchenbrüste in Scheiben schneiden und auf den Salat legen.

TIP! Nach Belieben mit rosa Pfeffer bestreuen und mit Kresse garnieren.

EW	Fett	KH	kcal/J
34,6	53,5	16,1	493/2063

Wirsingsalat mit Birnen

1/2 kg Wirsing
2 Birnen
Saft von 1 Zitrone
1 rote Zwiebel
1 Bund Schnittlauch
Mandelöl und Obstessig
nach Geschmack
Salz
Pfeffer
Zimt

Den Wirsing waschen und gut abtropfen lassen.
Danach in feine Streifen hobeln.
Birnen schälen, entkernen und würfeln; mit Zitronensaft marinieren.

Die Zwiebel schälen und in dünne Ringe schneiden.
Den Schnittlauch säubern und dann fein hacken.
Aus Mandelöl, Obstessig und den Gewürzen eine pikante Marinade zubereiten.
Alle Zutaten miteinander vermengen.
Gegebenenfalls abschließend nochmals abschmecken.
Den fertigen Salat etwa 1/2 Stunde ziehen lassen.

TIP! Ein kostengünstiger und sehr schmackhafter Salat! Dazu paßt Pumpernickelbrot und Kräuterbutter.

EW	Fett	KH	kcal/J
4,4	10,8	11,2	159/665

Tomaten-Zwiebel-Salat

1/2 kg Zwiebeln
1/4 kg Tomaten
2 EL Butter
Salz
Pfeffer
Knoblauchpulver
1 Prise rosenscharfer Paprika
Kümmel
1 TL Senf
5 EL saure Sahne
1 Prise Zucker
Saft von 1 Zitrone
1 Bund Petersilie

Die Zwiebeln schälen, halbieren und in Scheiben schneiden.
Die Tomaten blanchieren, häuten und vierteln.
Mit einem scharfen Messer die Kerne herauskratzen und längs in Streifen schneiden.
Die Zwiebelstreifen in heißer Butter glasig dünsten – mindestens 20 Minuten.
Anschließend die Pfanne vom Herd nehmen und mit allen restlichen Zutaten pikant abschmecken.
Petersilie hacken und zum Schluß einstreuen.

 Dazu reichlich Bauernbrot und ein Weißbier servieren.

EW	Fett	KH	kcal/J
5,2	7,7	20,8	169/694

Endiviensalat mit Nüssen

1 Endiviensalat
Erdnußöl und Sherryessig nach Geschmack
Salz
weißer Pfeffer
100 geriebene Nüsse
100 g Käsewürfel

Den Endiviensalat sorgfältig waschen und abtropfen lassen.
Die zusammengerollten Blätter in Streifen schneiden.
Aus Essig, Öl, Salz, Pfeffer, geriebenen Nüssen und etwas Wasser eine feine Marinade zubereiten.
Endivienstreifen mit der Sauce gründlich vermengen.
Obenauf die Käsewürfel streuen.

 Die Endivie, auch Eskariol genannt, ist eine Verwandte der Zichorie. Die Bitterstoffe dieser Salatpflanze regen die Tätigkeit von Milz, Darm und Galle an.

EW	Fett	KH	kcal/J
14,6	32,3	2,7	360/1506

Schwarzwurzelsalat

1/2 kg Schwarzwurzeln
1/4 kg grüne Bohnen
Saft von 1/2 Zitrone
1 TL Butter
2 Schalotten
2 Knoblauchzehen
Distelöl und Weinessig nach Geschmack
Saft von 1/2 Zitrone
2 EL frischgehackte Petersilie
Kräutersalz
Pfeffer
1/8 kg Käsewürfel

Frische Schwarzwurzeln und frische Bohnen verlesen und waschen.
Schwarzwurzeln schälen und quer in mundgerechte Stücke schneiden.
Beide Gemüse separat gar kochen, dabei das Wasser für die Schwarzwurzeln mit Zitrone säuern, salzen und ein kleines Stückchen Butter hinzufügen.
Die Schalotten und die Knoblauchzehen schälen und hacken.
Aus Essig, Öl, Zitronensaft, Petersilie, Salz und Pfeffer eine kräftige Marinade anrühren.

Über das warme Gemüse geben und ziehen lassen.
Kurz vor dem Servieren die Käsewürfel unterheben.

 Dazu Garnelenspießchen und Weißbrot reichen. Als Getränk empfiehlt sich ein herber Weißwein.

EW	Fett	KH	kcal/J
32,7	21,1	7,6	341/1427

Spargelsalat

3/4 kg frischer Spargel
Salz
1 Prise Zucker
1 EL Butter
Essig und Öl nach Bedarf
1 Zwiebel
frischgehackte Kräuter
2 gehäutete Tomaten
2 gekochte Eier

Den Spargel waschen und vom Kopf abwärts sorgfältig schälen.
Dann quer in ca. 3 bis 4 cm große Stücke schneiden.
Einen Topf mit Wasser, Salz, Zucker und Butter zum Kochen bringen.
Die Spargelstücke darin gar kochen (die Stücke sollten noch Biß haben).
Aus dem Sud nehmen und abtropfen lassen.
Etwa 1/8 l abgeseihten Sud mit Essig, Öl, Zwiebelwürfeln und Kräutern zu einer Marinade fertigen.
Den Spargel damit übergießen und ca. 1 Stunde ziehen lassen.
Mit gehackten Tomaten- und Eierstückchen überstreuen.

 Spargel ist nicht nur sehr delikat, sondern auch sehr gesund, kalorienarm und wirkt entwässernd.

EW	Fett	KH	kcal/J
7,4	15,5	4,2	170/713

Chicoréesalat mit Früchten

1/4 kg Chicorée
1 Banane
1 Apfel
1 Orange
1 Birne
Saft von 1 Zitrone
1 EL Ahornsirup
Kürbiskernöl
nach Bedarf
Salz
Pfeffer
1 TL mittelscharfer Senf
1 TL Meerrettich
1 Becher Naturjoghurt
2 EL gehackte
Haselnüsse

Den Chicorée waschen und in dünne Scheiben schneiden.
Das Obst schälen und in gleichmäßige, mundgerechte Stückchen schneiden; mit Zitronensaft marinieren.
Aus Ahornsirup, Kürbiskernöl, Salz, Pfeffer, Senf, Meerrettich und Naturjoghurt eine schmackhafte Sauce zubereiten.
Alle Zutaten miteinander vermengen.
Zuletzt den fertigen Salat mit gehackten Nüssen garnieren.

TIP! Ein sehr kalorienarmer Salat, der mit anderen Früchten beliebig erweitert werden kann. Dazu passen Blätterteigtaschen, die mit Käse und Schinken gefüllt sind.

EW	Fett	KH	kcal/J
4,8	10,5	25,1	213/891

KUCHEN
DESSERTS

Flockentorte mit Quark und Erdbeeren

Abbildung Seite 166/167

Für den Mürbteig:
150 g Mehl
100 g Butter
1 Eidotter
50 g Zucker
Salz
abgeriebene Schale von
1/2 Zitrone
1 Päckchen Vanillezucker

Für den Brandteig:
1/4 l Wasser
1/2 TL Salz
100 g Butter
150 g Mehl
30 g Speisestärke
4-5 Eier

Für die Füllung:
8 Blatt Gelatine
2 EL Kirschwasser
1 Vanilleschote
100 g Zucker
500 g Speisequark
1 Becher Sahne
500 g Erdbeeren

Zum Garnieren:
50 g geröstete, gehobelte
Mandeln
1 Becher Sahne
1 EL Puderzucker
1 EL Kirschwasser
250 g Erdbeeren
1 Beutel helle Kuvertüre
1 Päckchen roter Tortenguß

Mehl auf eine Arbeitsfläche sieben.
In die Mitte eine Vertiefung schieben und die kalte Butter in Stückchen einschneiden.

Mit den restlichen Zutaten schnell einen glatten Mürbteig kneten; kalt stellen.
Anschließend eine Springform ausfetten und den ausgewellten Mürbteig einlegen.
In den vorgeheizten Backofen bei ca. 80 Grad etwa 1/4 Stunde vorbacken.
Für den Brandteig Wasser, Salz und Butter in einem Topf zum Kochen bringen.
Den Topf von der Kochstelle nehmen, Mehl mit Speisestärke vermischt und gesiebt in den Topf hineingeben.
Zu einem Kloß rühren und zwar so lange, bis sich am Topfboden eine weiße Schicht bildet und der Teigballen kompakt ist.
Den heißen Kloß in eine Rührschüssel geben und nach und nach die verquirlten Eier unterrühren. Der Teig soll in langen Spitzen vom Löffel fallen. Den Teig in einen Spritzbeutel füllen.
Eine Spirale von ca. 26 cm Durchmesser und sechs walnußgroße Windbeutel auf ein mit Backpapier ausgelegten Blech spritzen.
Im vorgeheizten Ofen bei ca. 200 Grad etwa 1/2 Stunde backen. Die Backofentür sollte während dieses Vorgangs nicht geöffnet werden, da der Teig sonst zusammenfällt.
Für die Füllung die Gelatine nach Vorschrift einweichen, ausdrücken und zusammen mit dem Kirschwasser, dem Vanillemark und Zucker erwärmen, bis sie sich vollständig aufgelöst hat. In eine Schüssel füllen, den Quark eßlöffelweise zugeben und verrühren.
Die Sahne steif schlagen und frische, halbierte Erdbeeren unterheben.
Einen Springformring von 28 cm Durchmesser um den Mürbteigboden legen.
Mit ca. 1/3 Quarkmasse belegen.
Den Brandteigboden mit einem scharfen Messer aufschneiden und eine Hälfte in die Quarkmasse drücken. Das zweite Drittel der Quarkmasse einfüllen und glatt streichen.
Für etwa 2 Stunden kühl stellen.
Anschließend den Tortenring vorsichtig abnehmen und den Rand der Torte mit gerösteten Mandeln bestreuen und andrücken.
Die Windbeutel halbieren.
Sahne mit Puderzucker steif schlagen und mit Kirschwasser vermischen.

Die Windbeutelhälften damit füllen.
Erdbeeren waschen und trockentupfen.
Drei große Erdbeeren vierteln und in geschmolzene Kuvertüre tauchen.
Als Verzierung auf die Windbeutel legen.
Die Windbeutel auf die Torte setzen und die restlichen Erdbeeren mit der Spitze nach oben in die Mitte der Torten setzen.
Den Tortenguß nach Anleitung zubereiten und mit einem Pinsel auf die Erdbeeren streichen.

TIP! Bei neuen Tortenrezepten immer erst einen Probelauf machen. Erst dann für Gäste zubereiten.

EW	Fett	KH	kcal/J
17,2	31,7	45,7	550/2300

Hollerküchle im Rieslingteig

200 g Mehl
1 Prise Salz
1/4 l Riesling (Weißwein)
2 Eidotter
2 Eiweiß
2 TL Öl
ca. 12 Holunderblütendolden
etwas Zucker

Das Mehl sieben, mit einer Prise Salz mischen, mit Weißwein zu einem dickflüssigen Teig rühren. Eidotter und Öl untermengen.
Das Eiweiß steif schlagen und den Schnee unter die Teigmasse ziehen.
Die Hollerblüten waschen, gut trocknen und im Backteig wenden. Im Fett schwimmend ausbacken, auf einem Gitter abtropfen lassen und heiß mit Zucker bestreut anrichten.

TIP! Mit diesem Weinteig können Sie viele andere Obstsorten ausbacken.

EW	Fett	KH	kcal/J
36,2	29,7	155,8	1201/5025

Fritiertes Obst

8 große, vollreife
Holunderbeerdolden
2 Birnen
2 säuerliche Äpfel
Saft von 1/2 Zitrone
500 g Butterschmalz
zum Fritieren

Für den Teig:
125 g Mehl
1 TL Backpulver
1 Eidotter
Salz
1/4 Päckchen Vanillezucker
1/4 l Weißwein
1 Eiweiß

Für den Teig Mehl, Backpulver, Eidotter, Salz, Vanillezucker und Wein mit dem elektrischen Handrührgerät verquirlen.
Zuletzt das steif geschlagene Eiweiß unterheben.
Den Teig etwa 1/4 Stunde ruhen lassen.
Die Holunderdolden kurz überbrausen und vorsichtig mit Küchenkrepp abtupfen.
Die Birnen und Äpfel schälen, halbieren, das Kerngehäuse entfernen.
Die Birnen in Spalten, die Äpfel in mundgerechte Stücke schneiden und mit dem Zitronensaft beträufeln.
Das Butterschmalz in einem Topf stark erhitzen.
Die Holunderbeerdolden am Stiel fassen, einzeln durch den Teig ziehen, etwas abtropfen lassen und in heißem Butterschmalz fritieren.
Mit dem Schaumlöffel herausnehmen und auf Küchenkrepp abtropfen lassen.
Danach die Birnen- und Apfelstücke fritieren und auf vier Tellern anrichten.

TIP! Dazu paßt eine warme Vanillesauce, Zucker und Zimt zum Bestreuen.

EW	Fett	KH	kcal/J
7,3	64,9	39,9	819/3426

Apfelschnee

> 1 kg Äpfel
> Saft von 1/2 Zitrone
> 2 Eiweiß
> 4 cl Rum
> 100 g Zucker
> 1 Päckchen Vanillezucker

Mit einem Apfelausstecher die Kerngehäuse der Äpfel entfernen.
Mit Zitronensaft beträufeln und im vorgeheizten Ofen wie Bratäpfel backen.
Die gebackenen Äpfel durch ein Sieb streichen oder ohne Schale pürieren.
Im Kühlschrank die Apfelmasse vollständig erkalten lassen.
In der Zwischenzeit sehr festen Eischnee schlagen.
Die kalte Apfelmasse mit den Geschmackszutaten verfeinern, den Zucker löffelweise unterrühren.
Den Eischnee unterheben und darauf achten, daß die Masse gut gemischt und luftig ist.
In Portionsgläser oder -schalen verteilen.
Einige Zeit in den Kühlschrank stellen und gut gekühlt zum Dessert reichen.

 TIP! Sie können dieses kalorienarme Dessert aber auch in den Tiefkühlschrank stellen und anschließend als Sorbet servieren.

EW	Fett	KH	kcal/J
2,3	1,6	57,9	276/1156

Herbstliche Apfeltorte

> 1/2 Packung Blätterteig
> 3/4 kg Äpfel
> 2 Orangen
> 100 g Orangenmarmelade
> 25 g Pistazienkerne

Eine mit kaltem Wasser ausgespülte Springform (28 cm Durchmesser) mit den dünn ausgewellten Blätterteigscheiben so auslegen, daß ein kleiner Rand stehen bleibt.

Den Boden mit einer Gabel mehrmals einstechen und im vorgeheizten Backofen bei ca. 200 Grad etwa 1/4 Stunde vorbacken.
Die Äpfel schälen, vierteln, entkernen und in Spalten schneiden.
Die Orangen schälen und in Filets schneiden.
Orangenmarmelade glattrühren und die Hälfte auf den Blätterteig streichen. Apfelspalten und Orangenfilets darauf dekorativ verteilen.
Das Obst mit der restlichen Konfitüre überziehen und mit Pistazienkernen ausstreuen.
Im vorgeheizten Backofen bei ca. 200 Grad in etwa 20 Minuten fertig backen.

TIP! Wer mehr Zeit hat, kann einen Mürbe-, Quark- oder Hefeteig vorbereiten.

EW	Fett	KH	kcal/J
1,4	4,6	17,8	118/494

Joghurt-Limonen-Creme in der Mandeltulpe

Abbildung

> 3 Blatt Gelatine
> 2 cl Himbeergeist
> 300 g Joghurt
> Saft von 1 Limone
> 60 g Puderzucker
> 200 g Sahne
> 500 g Himbeeren
> 50 g Puderzucker
> Zitronenmelisse zum Garnieren

Für die Mandeltulpe:
> 150 g Zucker
> 75 g Mehl
> 3 Eiweiß
> 60 g gehobelte Mandeln
> 75 g Butterschmalz
> Butter und Mehl für das Backblech

Für die Mandeltulpe den Zucker, das Mehl, das Eiweiß und die Mandeln glattrühren.

Das Butterschmalz unterrühren.
Im Kühlschrank etwa 1 Stunde ziehen lassen.
Den Backofen auf ca. 180 Grad vorheizen.
Das Backblech mit Butterschmalz einfetten und
mit Mehl bestäuben.
Den Teig mit einem Löffel auf das Blech geben.
Dünne, runde Plätzchen fertigen und diese ca.
8-10 Minuten backen, bis die Plätzchen gold-
braun sind.
Sofort mit einem breiten Messer ablösen und
heiß über Tassen legen und erkalten lassen.
Die Mandeltulpen abnehmen.
Die Gelatine ca. 10 Minuten in kaltem Wasser
einweichen, ausdrücken und in 1 cl Himbeer-
geist auflösen.
Den Joghurt mit dem Saft der Limone und dem
Puderzucker schaumig schlagen.
Die aufgelöste Gelatine in die Masse rühren.
Die Sahne steif schlagen und unterheben.
Die Masse in sechs gleichgroße Förmchen
füllen und für etwa 2 Stunden kühl stellen.

Die Hälfte der Himbeeren pürieren, durch ein
Sieb streichen und mit 1 cl Himbeergeist
abschmecken.
Einen Spiegel mit der Himbeersauce auf die
Teller gießen; Manteltulpen daraufstellen.
In die Tulpe die Creme stürzen und mit den
restlichen Himbeeren und mit Zitronenmelisse
garnieren.

TIP! Falls Sie ein anspruchsvolles Menü
zusammenstellen, sollten Sie unbedingt
dieses Dessert mit einbeziehen.

EW	Fett	KH	kcal/J
10,7	31,9	62,3	594/2484

Macht ganz schlank!

171

Butterkuchen »Klausi Beimer«

Abbildung

Für den Teig:
300 g Mehl
1 Päckchen Backpulver
250 g Zucker
3 Eier
1 Becher Sahne (250 g)

Für den Belag:
125 g Butter
250 g Zucker
3 EL Milch
100 g Mandelblättchen

Das Mehl, das Backpulver, den Zucker und die Eier gut miteinander vermengen und anschließend den Becher ungeschlagene Sahne unterrühren.

Den Teig auf ein gefettetes Backblech streichen.

Im vorgeheizten Backofen bei 200 Grad 10 Minuten vorbacken.

In der Zwischenzeit die erwärmte Butter, den Zucker und die Milch gut miteinander verrühren.

Die Masse auf den vorgebackenen Kuchen streichen.

Die Mandelblättchen gleichmäßig darüberstreuen.

Den Kuchen dann noch weitere 10 Minuten backen.

TIP! Butterkuchen schmeckt frisch am besten.

EW	Fett	KH	kcal/J
6,7	21,8	61,5	478/2003

Waffelherzen mit Himbeeren und Karamelsauce

100 g Butter
50 g Zucker
1/2 Päckchen Vanillezucker
2 Eidotter
65 g Weizenmehl
60 g Speisestärke
1/8 l Sahne
2 Eiweiß
Öl zum Backen
500 g Himbeeren
2 Päckchen Vanillezucker
4 cl Orangenlikör
100 g Zucker
100 g Sahne
1 Becher Crème fraîche
1 TL Zimt
30 g Mandelblättchen

Die Butter schaumig rühren, nach und nach den Zucker, den Vanillezucker und die Eidotter zugeben.
Das Mehl mit Speisestärke gut vermischen und dann abwechselnd mit der Sahne unterrühren.
Das Eiweiß steif schlagen, unter den Teig heben.
In einem gut erhitzten Waffeleisen vier bis fünf Waffeln backen, erkalten lassen und in Herzen teilen.
Die Himbeeren waschen, putzen, mit Vanillezucker bestreuen und mit Orangenlikör begießen; ca. 1 Stunde marinieren.
In der Zwischenzeit 100 g Zucker unter ständigem Rühren schmelzen.
Den Topf mit der honiggelben Flüssigkeit vom Herd nehmen und die Sahne einrühren.
Nochmals erhitzen, einmal aufkochen und zum Abkühlen beiseite ziehen.
Anschließend mit Crème fraîche und Zimt abschmecken.
Die Mandelblättchen vorsichtig ohne Fett in einer Pfanne rösten.

Marinierte Himbeeren auf den Waffelherzen verteilen.
Mit Karamelsauce überziehen und mit Mandelblättchen bestreuen.
Zum Abschluß nach Belieben mit Zimt überpudern.

TIP! Eine herrliche Nachspeise, die keine großen Aktionen in der Küche verlangt.

EW	Fett	KH	kcal/J
10,5	66,5	98,3	880/3680

Himbeercreme

30 g Stärkemehl
80 g Zucker
2 Eidotter
1 Päckchen Vanillezucker
1/4 l Milch
5 Blatt Gelatine
500 g Himbeeren
1/4 l Sahne
1 Gläschen Rum

Das Stärkemehl mit Zucker, Eidotter, Vanillezucker und der Milch glattrühren, dann auf kleiner Flamme unter Rühren zum Kochen bringen.
Vom Herd nehmen und die nach Vorschrift aufgelöste Gelatine zufügen.
Die Masse durch ein Sieb streichen und kalt stellen.
Himbeeren passieren (einige zum Garnieren übriglassen) und die steifgeschlagene Sahne und den Rum unterziehen, sobald die Creme zu gelieren beginnt.
In eine Glasschüssel füllen und erstarren lassen.
Mit Himbeeren und Sahne garnieren.

TIP! Dazu schmecken Löffelbiskuits.

EW	Fett	KH	kcal/J
11,0	25,6	43,9	446/1865

Semmelschmarren mit Beeren

8 Brötchen
1/2 l Milch
4 Eier
1 Prise Salz
100 g Himbeeren
100 g rote Johannisbeeren
100 g schwarze Johannisbeeren
50 ml Öl
4 EL Zucker
1 Msp Zimt

Die Brötchen in feine Scheiben schneiden.
Milch mit Eiern und Salz verquirlen; über die
Brötchenscheiben gießen.
Die Beeren waschen und putzen.
Unter die Brötchenmasse heben und etwa
1/2 Stunde ziehen lassen.
Öl in einer Pfanne erhitzen.
Die Brötchenmasse mit Hilfe eines Löffels
abstechen, in das heiße Fett gleiten lassen und
goldgelb backen. Zucker und Zimt vermischen
und über den »Schmarren« streuen.

TIP! Eine kostengünstige und doch raffinierte Nachspeise.

EW	Fett	KH	kcal/J
19,8	16,6	24,6	220/921

Mandelflammeri

1 l Milch
1 Prise Salz
etwas Vanillezucker
125 g Grieß
60 g Zucker
80 g geriebene Mandeln
1 Ei
Mandelstifte

Die Milch mit einer Prise Salz und etwas Vanillezucker (Sie können auch 1/2 Vanillestange mitkochen) zum Kochen aufstellen.

Sobald die Milch kocht, den Grieß sowie den
geriebenen Mandeln vermischten Zucker einstreuen. Bei mäßiger Hitze und ständigem
Rühren fertig kochen.
Den Topf beiseite ziehen und das Ei beimischen. In vorbereitete, mit kaltem Wasser
ausgespülte Schälchen gießen; kalt stellen.
Entweder gestürzt oder in der Portionsschale
mit Mandelstiften garniert servieren.

TIP! Dazu paßt eine leichte Fruchtsauce und Schlagsahne.

EW	Fett	KH	kcal/J
18,1	24,1	55,7	512/2142

Rote Grütze

Abbildung

250 g Johannisbeeren
250 g Brombeeren
250 g Himbeeren
175 g Zucker
80 g Speisestärke
3 cl Kirschwasser

Für die Sauce:
1/4 l Sahne
10 g Vanillezucker

Beeren verlesen, waschen und mit ca. 1/8 l
Wasser und Zucker vermischen.
Etwa 10 Minuten durchkochen lassen.
Die Speisestärke mit wenig Wasser glattrühren
und die Beeren damit andicken.
Kurz aufkochen, mit Kirschwasser verfeinern.
In Glasschalen füllen und erkalten lassen.
Die Sahne mit Vanillezucker leicht anschlagen
und zur Grütze servieren.

TIP! Die klassische Rote Grütze wird mit Sago angedickt und mit einer echten Vanillesauce gereicht.

EW	Fett	KH	kcal/J
2,6	13,9	43,1	318/1331

Marzipantörtchen

200 g Marzipanrohmasse
2 Eier (getrennt)
50 g Butter
etwas Mehl
200 g blaue Weintrauben
1 Blatt Gelatine
0,1 l Portwein

Drei Viertel des Marzipans mit dem Eidotter und der Butter verrühren.
Eiweiß steif schlagen und unterziehen.
Kleine Tortelettförmchen buttern, mit Mehl bestäuben und den Teig mit einer Spritztüte in die Förmchen füllen.
Etwa 20 Minuten bei 200 Grad im Ofen backen und anschließend stürzen.
Die Törtchen auf einem Kuchengitter auskühlen lassen.

Das restliche Marzipan dünn ausrollen, Kreise mit dem Durchmesser der Törtchen ausstechen und auf die Törtchen legen.
Die gewaschenen Weintrauben halbieren, entkernen, die Schale abziehen und auf die Törtchen legen.
Die eingeweichte Gelatine ausdrücken und dann in dem leicht erwärmten Portwein auflösen.
Auskühlen lassen und kurz vor dem Gelieren über die Törtchen verteilen.
Kalt stellen und servieren.

 TIP! Marzipan besteht aus Mandeln und Zucker. Je höher der Mandelanteil ist, desto feiner und exklusiver ist das Marzipan.

EW	Fett	KH	kcal/J
8,9	26,2	3,7	435/1821

Pflaumentorte mit Weinbrand

250 g kernlose Backpflaumen
1/8 l Rotwein
60 ml Weinbrand
300 g frische Pflaumen
1/8 l Weißwein
Butterschmalz für die Form
125 g Butterschmalz
125 g brauner Zucker
2 Eier
1 TL Backpulver
125 g Mehl
1 Prise Salz
2 g Zimt
Puderzucker zum Bestäuben

Die Backpflaumen in kleine Würfel schneiden und dann mit Rotwein und Weinbrand übergießen.
Zugedeckt einige Stunden ziehen lassen.
Die gewürfelten Pflaumen sollten die gesamte Flüssigkeit aufnehmen.
Die frischen Pflaumen entsteinen und in wenig Weißwein kurz pochieren.
Eine Springform von ca. 18-20 cm Durchmesser einfetten.
Das Butterschmalz mit dem Zucker schaumig rühren und die Eier einzeln dazugeben.
Das Backpulver, das Mehl und die Gewürze mischen.
Unter die geschlagene Butterschmalzmasse rühren.
Zuletzt mit einem Holzlöffel die Backpflaumen unterheben und die Masse in die gefettete Form füllen.
Die Pflaumen dachziegelartig auf dem abgekühlten Kuchen verteilen.
Kräftig mit Puderzucker überstäuben.

 Zum Kaffee mit Schlagsahne und nach Wunsch zusätzlichem Pflaumenmus servieren.

EW	Fett	KH	kcal/J
2,9	12,5	33,9	273/1142

Rahmküchle

3 Eidotter
30 g Cème fraîche
1 EL Vanillezucker
Salz
100 g Mehl
500 g Butterschmalz
zum Fritieren
Puderzucker

Eidotter, Crème fraîche, Vanillezucker und das Salz mit dem Handrührgerät verrühren.
Das Mehl löffelweise zum Teig geben, ca. 5 Minuten verrühren und etwa 1 Stunde ruhen lassen.
Auf einer bemehlten Arbeitsfläche den Teig portionsweise dünn ausrollen und Kreise bzw. Dreiecke ausstechen.
Das Butterschmalz erhitzen und die Küchle dann hellbraun ausbacken.
Mit Puderzucker bestreuen.

 Dazu passen verschiedene Kompottsorten.

EW	Fett	KH	kcal/J
5,2	10,2	2,1	418/1750

Wiener Napfkuchen
Abbildung

500 g Mehl
35 g Hefe
1/8 l Milch
1 Prise Zucker
120 g weiches Butterschmalz
150 g Zucker
5 Eier
1 Prise Salz
1/8 l Sahne
80 g Rosinen
1 EL Mehl
einige Tropfen Rum- und Zitronenaroma
12-16 abgezogene Mandeln

Das Mehl in eine Schüssel geben.
In die Mitte eine Mulde drücken.
Die Hefe zerkrümeln und mit der lauwarmen Milch und einer Prise Zucker in die Mulde geben.
Mit etwas Mehl vom Rand verrühren.
Den Vorteig zugedeckt ca. 15 Minuten gehen lassen.
Die Kuchenform mit Butterschmalz ausstreichen.
Das restliche Butterschmalz mit dem Zucker, den Eiern, dem Salz und der Sahne schaumig rühren.
Die Rosinen in dem Mehl wenden.
Die Schaummasse mit dem Mehl und der angerührten Hefe sowie den Rosinen und den Aromastoffen zu einem geschmeidigen Teig verkneten.
Den Teig so lange kräftig kneten, bis er Blasen wirft.

In jede Vertiefung der Napfkuchenform eine abgezogene Mandel geben.
Drei weitere Mandeln am Rand in einer Linie hochlegen.
Den Teig vorsichtig mit einem Löffel in die Form geben.
Dabei mit dem Löffelrücken leicht andrücken, damit die Mandeln nicht verrutschen.
Die restliche Teigmasse in die Napfkuchenform geben.
Den Kuchen im vorgeheizten Backofen bei ca. 190 Grad etwa 1 1/2 Stunden backen.
Den fertigen Kuchen zum Erkalten auf ein Gitter stürzen.

 Nach Wunsch mit einer Glasur überziehen.

EW	Fett	KH	kcal/J
6,3	17,6	49,3	388/1622

Schokoladenschaum

200 g Blockschokolade
2 EL Wasser
4 Eier
2 cl Orangenlikör
1 TL Instantkaffee

Die Schokolade grob zerbrechen und zusammen mit dem Wasser auf kleiner Flamme oder besser noch im Wasserbad schmelzen lassen.
Eier trennen; Eiweiß zu Schnee schlagen.
Orangenlikör, Kaffeepulver und Eidotter mit der geschmolzenen Schokolade verrühren und das geschlagene Eiweiß unterheben.
Drei Stunden vor dem Servieren kalt stellen.

TIP! Eine Abwandlung des Rezepts von Schokoladenmousse, das bei Gästen viel Aufsehen erregt und doch schnell zubereitet ist.

EW	Fett	KH	kcal/J
9,4	21,2	27,4	348/1457

Rahmplätzchen

100 g Butter
200 g Zucker
1 Ei
3 EL dicke saure Sahne
500 g Mehl
1 Päckchen Vanillezucker
1/2 TL Backpulver

Die Butter schaumig rühren, Zucker und Ei zugeben, ebenso saure Sahne, Mehl, Vanillezucker und Backpulver.
Der Teig muß sich gut kneten lassen.
Messerrückendick ausrollen, runde Plätzchen ausstechen und hellgelb backen.

TIP! Für süße Fans leicht und schnell gemacht.

EW	Fett	KH	kcal/J
2,1	3,3	19,4	114/477

Nudeln mit Zimt

1/2 kg Mehl
knapp 1/4 l Milch
20 g Hefe
50 g Zucker
100 g Butter
abgeriebene Schale von
1/2 Zitrone
2 Eier
100 g zerlassene Butter
100 g Zucker und Zimt vermischt

Einen mittelfesten Hefeteig zubereiten; Mehl in eine Schüssel sieben, in der Mitte eine Grube bilden und etwas lauwarme Milch zugeben.
Die Hefe einbröseln und einen Eßlöffel Zucker beimischen.
Diesen Vorteig so lange ruhen lassen, bis die doppelte Größe erreicht ist.
Auf den Mehlrand weiche Butterflocken, Zitronenschale, Zucker und Eier legen.
Den gegangenen Teig mit allen Zutaten vermischen.
Milch zugeben und so lange schlagen, bis der Teig Blasen wirft und sich von der Schüssel löst.
Zugedeckt an einem warmen Ort ca. 1 Stunde ruhen lassen.
Anschließend kleine Nudeln abstechen und mit den Händen rund nachformen.
In flüssiger Butter und danach in der Zucker-Zimt-Mischung wenden.
Die Zimtnudeln in der Reihe mit genügend Abstand plazieren und nochmals gehen lassen.
In den vorgeheizten Ofen bei 190 Grad schieben.
Die Backzeit beträgt etwa 1/2 Stunde.
Die fertigen Nudeln in der Form abkühlen lassen.
Anschließend stürzen und mit Zucker und Zimt überstäuben.

TIP! Dazu paßt heißer Kaffee und nach Belieben eine Vanillesauce.

EW	Fett	KH	kcal/J
19,6	48,2	157,1	1113/4655

Marzipan-Butter-Pralinen
Abbildung

250 g Marzipanrohmasse
60 ml Kirschwasser
10 g Puderzucker
Mark von 1 Vanilleschote
150 g Butterschmalz
Schokoladen- oder
Mürbeteigplätzchen
75 g geröstete Mandeln
100 g Kuvertüre

Die Marzipanrohmasse mit dem Kirschwasser, dem Puderzucker und dem Vanillemark verkneten.
Das Butterschmalz schaumig schlagen und die Marzipanmasse nach und nach unterrühren.

Diese Masse in einen Spritzbeutel mit Sterntülle füllen.
Anschließend diese Masse auf kleine Schokoladen- oder hauchdünne Mürbeteigplätzchen spritzen.
Jeweils eine halbe geröstete Mandel daraufstecken.
Die Pralinen abschließend mit Kuvertüre überziehen.

TIP! Die Kuvertüre kann auch mit etwas Butterschmalz verdünnt werden. Auf diese Art wird sie flüssiger und ist so zum Überziehen besser geeignet.

EW	Fett	KH	kcal/J
1,3	9,4	6,1	107/446

Gestürzte Creme mit Karamel

> 1/2 l Milch
> 1/2 Vanillestange
> 3 Eier
> 130 g Zucker

Die Milch mit der aufgeschlitzten Vanillestange zum Kochen bringen.
In einer Schüssel die Eier mit 80 g Zucker 1 Minute lang schlagen.
Die heiße Milch unter Rühren langsam dazugießen und alles eine Zeitlang ruhen lassen.
Anschließend den Schaum abschöpfen.
50 g Zucker in 2 EL Wasser auflösen und zu einem hellen rotbraunen Karamel kochen.
Diesen in die Form gießen und in einer dünnen Schicht verteilen. Die Creme durch ein feines Sieb passieren; in die Form füllen.
Im Wasserbad im Backofen bei mittlerer Hitze 30 Minuten kochen.
Um das Ende der Kochzeit festzustellen, mit einem Messer in die feste Creme hineinstechen. Beim Herausziehen muß die Klinge trocken bleiben.
Abkühlen lassen und vor dem Servieren stürzen.

TIP! Auf einem Fruchtspiegel mit Früchten der Saison servieren.

EW	Fett	KH	kcal/J
9,2	9,1	36,2	263/1100

Quarkcreme

> 30 g gemahlener Mokka
> 1/8 l Milch
> 50 g Butter
> 500 g Quark
> 4 EL Rum
> 80 g Zucker
> Schokoladentrüffel

Kaffeepulver mit der kochenden Milch übergießen, ziehen lassen, durchsieben oder filtern und den Milchkaffee anschließend kalt stellen.
Butter schaumig rühren, dann den Quark dazurühren. Kalten Milchkaffee zugießen und alles mit Rum und Zucker abschmecken.
Die Creme mit den Trüffeln verzieren.

TIP! Ein schneller und in der Zubereitung einfacher Nachtisch.

EW	Fett	KH	kcal/J
18,0	11,9	26,8	376/1572

Zwetschgenquark mit Krokantkruste

> 250 g Zwetschgen
> 2 EL Ahornsirup
> etwa 1/8 l Rotwein
> 400 g Quark (40 %)
> je 1 Prise Kardamom,
> Nelkenpulver und Zimt
> 1/8 l Sahne
> 125 g Haferflocken
> 6 EL brauner Zucker
> 60 g Butter

Entkernte Zwetschgen mit Ahornsirup und Rotwein weichdünsten, abkühlen.
Mit Quark verrühren, mit den Gewürzen abschmecken und die halbsteif geschlagene Sahne unterziehen. Für den Krokant Haferflocken mit Zucker und Butter goldgelb rösten und über das Dessert streuen.

TIP! Im September, dem besten Monat für Pflaumen, dieses Dessert reichen.

EW	Fett	KH	kcal/J
12,0	42,3	74,7	691/2889

Meine Lieblings-nachspeise

Mohn-Käse-Kuchen

250 g Weizenvollkornmehl
1 Msp Backpulver
1 Ei
125 g Butter
65 g Zucker
175 g Milch
250 g feingemahlener Mohn
100 g Honig
25 g Paniermehl
50 g Rosinen
50 g Zwetschgenmarmelade
2,5 g Zimt
Zitronensaft
500 g Quark (20 %)
100 g Zucker
abgeriebene Schale von 1 Zitrone
2 EL Zitronensaft
2 Eier
50 g Butter
40 g Mehl
1 Eidotter

Aus Mehl, Backpulver, Ei, Butter und Zucker einen glatten Mürbeteig kneten.
Boden und einen 4 cm hohen Rand einer gefetteten Springform damit auslegen.
Für die Mohnfüllung Milch erwärmen, Mohn einstreuen, kurz aufkochen und ausquellen lassen.
Mit Honig, Paniermehl, Rosinen, Zwetschgenmarmelade, Zimt und Zitronensaft verrühren.
Die Fülle auf dem Teigboden verteilen.
Quark mit restlichen Zutaten (bis auf das Eidotter) verrühren und in die Form geben.
Glattstreichen. Den Kuchen bei ca. 190 Grad etwa 50 Minuten backen.
Mit dem verquirlten Eidotter bepinseln und noch weitere 10 Minuten weiter backen.
In der Form abkühlen lassen.

TIP! Nach Belieben anstatt der Pflaumenkonfitüre eine andere Geschmacksrichtung wählen.

EW	Fett	KH	kcal/J
13,2	24,0	49,0	486/2032

Quarkstreuselkuchen vom Blech

300 g Mehl
20 g Hefe
60 g Zucker
80 g Butter
1/8 l Milch
1 Ei
1 Prise Salz
100 g Butter
150 g Zucker
abgeriebene Schale
einer Zitrone
1 Päckchen Vanillezucker
3 Eier
1 kg Quark
1 Gläschen Rum
30 g Stärkemehl

Für die Streusel:
350 g Mehl
200 g Zucker
20 g Butter
1/2 EL Zimt
1 Prise Salz

Einen Hefeteig zubereiten aus Mehl, Hefe, Zucker, Butter, Milch, Ei und Salz.
Diesen Hefeteig etwa 20 Minuten gehen lassen.
Ausgewellt auf ein Blech geben und dabei den Rand hochziehen.
Butter, Zucker, Zitronenschale und Vanillezucker schaumig rühren, nach und nach Eier zugeben und mit Quark, Rum und Stärkemehl glattrühren.
Auf den Teig geben.
Aus Mehl, Zucker, Butter, Zimt und Salz Streusel krümeln und über dem Quark verteilen.
Bei Mittelhitze ca. 1/2 Stunde backen.

TIP! Schmeckt genausogut mit einem Mürbeteig.

EW	Fett	KH	kcal/J
11,9	6,1	48,7	301/1257

Blechkuchen mit buntem Belag

Abbildung

Für den Teig:
500 g Mehl
1 Würfel frische Hefe (42 g)
ca. 1/4 l lauwarme Milch
80 g Butter
1 Ei
1 Prise Salz
80 g Zucker

Für den Belag:
500 g Pflaumen
500 g Aprikosen
500 g Pfirsiche
500 g Sauerkirschen
100 g abgezogene, gehobelte
Mandeln zum Bestreuen

Für die Streusel:
150 g Mehl
75 g Zucker
75 g Butter

Das Mehl in eine Schüssel geben, in die Mitte eine Mulde schieben.
Die Hefe hineinbröckeln und mit etwas lauwarmer Milch zu einem Vorteig verrühren.
Zugedeckt an einem warmen Ort ca. 15 Minuten gehen lassen.
Restliche lauwarme Milch mit der zerlassenen Butter und dem verquirlten Ei angießen.
Salz und Zucker an den Rand streuen.
Alles zu einem glatten Teig kneten.
Zugedeckt an einem warmen Ort 20-30 Minuten ruhen lassen.
Früchte waschen und abtropfen.
Pflaumen und Aprikosen halbieren und entsteinen. Pfirsiche mit heißem Wasser überbrühen, enthäuten, entkernen und in Spalten schneiden. Kirschen entsteinen.
Den Teig ausrollen und auf ein gefettetes Blech geben.
Streifenweise mit den Früchten belegen.

Für die Streusel Mehl mit Zucker und Butter verkneten und über die Pflaumen geben.
Die Mandeln über die Aprikosenspalten streuen. Anschließend den Teig nochmals 20 Minuten gehen lassen.
Dann im vorgeheizten Backofen bei 200 Grad 30-45 Minuten backen.

TIP! Ein äußerst dekorativer Kuchen für Gäste.

EW	Fett	KH	kcal/J
5,1	8,7	33,9	234/979

Bunter Sommer-Frucht-Salat

80 g Stachelbeeren
200 g Erdbeeren
100 g Brombeeren
100 g Himbeeren
2 blaue Pflaumen

Für die Sauce:
100 g Erdbeeren
1 Becher Sahne-Dickmilch
50 g Zucker
30 g gehackte Pistazien
2 cl Mandellikör
Zimt

Das Obst waschen und putzen.
Die Pflaumen in Spalten schneiden.
Für die Sauce die Erdbeeren waschen, putzen und pürieren.
Mit den übrigen Zutaten verrühren und abschmecken.
Die Früchte auf vier Teller verteilen und mit der Sauce übergießen.

TIP! Den Salat immer saisongerecht zubereiten – nur marktfrische Ware verwenden.

EW	Fett	KH	kcal/J
5,7	7,4	33,4	232/971

Hagebuttenschnitten

3 Eiweiß
1/4 kg Zucker
Saft von 1/2 Zitrone
1 Päckchen Vanillezucker
100 g Hagebuttenmark
1/4 kg geriebene Mandeln
Oblaten
100 g ganze und
geschälte Mandeln

Das Eiweiß zu steifem Schnee schlagen.
Den Zucker nach und nach einrieseln, Zitronensaft einträufeln und eine feste, dicke Masse
zubereiten.
Von diesem Baiser zwei bis drei Eßlöffel beiseite stellen. In den restlichen Eischnee Vanillezucker, Hagebuttenmark und geriebene Mandeln unterheben.

Mit Hilfe zweier Löffel längliche Nocken formen
und diese dann auf jeweils eine Oblate
setzen.
Mit Baisermasse und ganzen Mandeln garnieren.
Die Hagebuttenschnitten für etwa 2 Stunden
ruhen lassen.
Anschließend in den vorgeheizten Backofen bei
ca. 180 Grad schieben.
Die Hagebuttenschnitten sind etwa nach 20
Minuten fertig.

TIP! Sollten Sie die Hagebutten selber
sammeln, so ist es wichtig, daß Sie den
ersten Frost abwarten. Hagebutten
kennt man auch unter dem Namen Het-
schepetsch oder Hiften.

EW	Fett	KH	kcal/J
5,6	13,5	26,3	249/1042

NÜTZLICHE UND UMWELTBEWUSSTE EINKAUFS- UND HAUSHALTSTIPS

Die folgenden Tips sollen Anregungen bieten, auch beim Einkauf und den alltäglichen Arbeiten im Haushalt schnell und unkompliziert umweltbewußt zu handeln und so dazu beitragen, den allzu schnellen Griff zu nicht immer umweltfreundlichen Haushaltsmitteln zu vermeiden.

Angebrannte Speisereste lassen sich entfernen, wenn man Salzwasser im Kochtopf kurz aufkocht.

Äpfel. Achten Sie beim Einkauf auf eine glatte, unbeschädigte Schale ohne Druck- und Faulstellen. Äpfel haben unterschiedliche Reifezeiten: Zu den Sommer- und Herbstäpfeln gehören u. a. der Klarapfel, Gravensteiner und James Grieve; zu den Winter- und Lageräpfeln Cox Orange, Boskoop und Jonathan.

Backofen. Der Backofen bleibt unten sauber, wenn man eine Alufolie auf den Boden der Backröhre legt. Dies ist eine Hilfe besonders bei klebrigen Speisen.

Backöfen sollten nach jeder Benutzung noch in lauwarmem Zustand (mit heißer Lauge) ausgewaschen werden. Verkrustungen von Obst- und Bratensaft sollten einige Stunden einweichen.

Backofengerüche verfliegen, wenn man Zitronen- oder Orangenschalen in die leere Backröhre legt und diese kurz erhitzt.

Blattsalate sollten Sie möglichst tagesfrisch einkaufen und verarbeiten. Frischen Kopfsalat erkennen Sie leicht an einer hellen Schnittstelle.

Brotgefäße sollten einmal wöchentlich mit Essigwasser ausgewischt werden.

Chicorée. Spitzenqualität erkennen Sie beim Einkauf an geschlossenen weißen Sprossen mit hellgelben Blattspitzen.

Chinakohl. Achten Sie beim Einkauf auf dicht und fest geschlossene Blätter und deren gelblichgrüne Farbe.

CMA-Gütezeichen. Eine gute Orientierungshilfe beim Einkauf  ist das bundesweit anerkannte CMA-Gütezeichen auf den Lebensmittelerzeugnissen und Frischeprodukten, die nach strengen Vorschriften kontrolliert werden.

Einwegverpackungen sollten Sie vermeiden. Sie vergrößern nur unnötig den Müllberg. Kaufen Sie Getränke in Gläsern, Milch in Flaschen oder, wenn möglich, wieder in der Kanne.

Elektrogeschirr sollte einen ebenen Boden haben. Stahltöpfe mit verstärktem, geschliffenen Boden nützen durch den guten Kontakt zur Kochplatte die Herdwärme besser aus und wirken dadurch energie- und zeitsparend.

Essig ist ein Universalmittel. Man kann damit Kesselstein aus Kesseln, Töpfen und Kaffeemaschinen entfernen. Gerüche z.B. Kohl-, Zwiebel- oder Fischgeruch verfliegen, wenn man mit Essig getränkte Tücher zwischen Topf und Deckel spannt.

Frischen Fisch erkennen Sie beim Einkauf an folgenden Merkmalen: klare, schimmernde, leicht gewölbte Augen; metallisch glänzende und straff gespannte Haut; fest anliegende Schuppen; feuchte dunkelrote Kiemen; nur leichter Fischgeruch.

Grillroste verschmutzen sehr stark. Um sich die Reinigung so einfach wie möglich zu machen, reiben Sie den Rost mit einer Sodalösung ab. Anschließend mit klarem Wasser gut nachspülen.

Kaffeemaschinen entkalkt man einfach, indem man anstatt Kaffeewasser eine Essig-Wasser-Mischung durchlaufen läßt. Eventuell den Vorgang wiederholen, zum Schluß mit klarem Wasser nachspülen.

Kartoffelschalen, rohe, eignen sich gut zum Entfernen von Kesselstein. Man gibt sie mit Wasser in das verkalkte Gefäß und läßt sie etwa eine Stunde kochen.

Knoblauchgeruch an den Händen läßt sich schnell und problemlos entfernen, indem Sie Ihre Hände gründlich mit Kaffeesatz oder Salz abreiben.

Kochplatten bei Elektroherden sollten in ihrer Größe möglichst mit der Topfgröße zusammenpassen. Ist die Kochplatte kleiner, dann kann sich nach und nach der Topfboden in der Mitte hochwölben. Dadurch ist die Wärmeleitung nicht mehr gesichert und es entsteht Energieverlust. Ist der Topf kleiner als die Platte, wird diese nicht wirtschaftlich ausgenutzt.

Kochplatten-Nachwärme nutzen Sie, wenn Sie 5-10 Minuten vor der Ende der Garzeit die Kochplatte abstellen.

Kühlschrankfrische. Den Kühlschrank regelmäßig mit Essigwasser auswischen.

Obstflecken mit Essigessenz oder Zitronensaft beträufeln und mit lauwarmem Seifenwasser auswaschen. Kochwäsche kann man mit kochendem Wasser übergießen und dabei die Flecken ausspülen.

Plastiktüten sind unnötig, wenn Sie immer eine Einkaufstasche oder einen Korb mitnehmen. Plastiktüten vergrößern den Abfallberg und belasten die Umwelt.

Porreestangen sollten beim Einkauf unbeschädigt sein und einen langen weißen Schaft besitzen. Achten Sie auf ein frisches Blattgrün. Die Dicke der Stangen ist kein Qualitätsmerkmal, sondern abhängig von der Anbauzeit.

Rot- und Weißkohl. Achten Sie beim Einkauf auf feste und glatt geschlossene Kohlköpfe.

Salz ist ein sehr wichtiges Würzmittel. Daneben wird es im Haushalt vielfach eingesetzt, z.B. zum Entfernen von Rotweinflecken und zum Kühlhalten von Getränken und Speisen. Mit einer Kochsalzlösung lösen sich angebrannte Speisen leichter aus den Töpfen.

Schimmel ist gefährlich. Verschimmelte oder angeschimmelte Lebensmittel sollten sofort weggeworfen werden. Versuchen Sie nicht, angeschimmelte Waren noch zu retten, indem Sie den Schimmelbelag abschneiden oder z.B. bei Marmelade abheben. Schimmel ist sehr oft auch schon da, wo man ihn noch nicht sieht.

Schnellkochtöpfe sollte man so oft wie möglich benutzen, da sie sehr energiesparend kochen (Sie sparen 15-20 Prozent Energie).

Silber läuft nicht mehr an, wenn Sie in den Schrank oder Besteckkasten ein Stückchen Kampfer legen.

Spinatflecken reibt man aus Textilien mit rohen Kartoffeln aus und wäscht mit Seifenwasser nach.

Strauchbeeren sollten Sie nur als intakte Früchte kaufen. Brombeeren und Himbeeren dürfen mit Kelch, Heidelbeeren nur als reine Früchte angeboten werden, Johannisbeeren mit Rispen, Stachelbeeren mit Stengel und Blüten.

Teeränder kann man mit Hagebuttentee, den man einige Zeit in der Teekanne stehen läßt, schonend entfernen.

Tiefkühlhähnchen mit dem Zeichen »Spezial-Einzel-Kühlung« sind gesund und qualitativ besonders zu empfehlen.

Topfdeckel sollten gut schließen, da durch Abdampfen Wärme verlorengeht. Bei nur spaltbreit geöffnetem Topf ist der Wärmeverlust fast so groß wie bei Töpfen ohne Deckel.

Töpfe, angebrannte, werden wieder sauber, wenn Sie darin etwas Wasser mit Backpulver aufkochen. Die angebrannten Speisereste lassen sich dann ganz leicht lösen.

Topflappen werden feuerfest, wenn man sie in einer Lösung aus Wasser und Alaun spült.

Turmkochen. Durch das »Übereinanderstellen« von Kochtöpfen auf einer Kochplatte läßt sich die Wärmeabgabe besser ausnutzen. Wichtig dabei ist, daß die gestapelten Töpfe dicht abschließen. Ganze Menüs lassen sich auf diese Weise kostensparend kochen. Zuunterst sollte dabei immer das Gericht mit der längsten Garzeit stehen.

Umweltzeichen. Produkte oder Herstellungsverfahren, von denen geringe oder keine nachteiligen Auswirkungen auf die Umwelt ausgehen, erhalten auf Antrag das Umweltzeichen vom UMWELTBUNDESAMT. Umwelttip: Beim Einkaufen die Waren bevorzugen, die das Umweltzeichen haben, z.B. Spraydosen ohne umweltschädliches Treibgas.

Verpackungen aus Kunststoff enthalten oft Stoffe, die nicht oder nur schwer abbaubar sind und deshalb die Umwelt belasten. Wo es Alternativen gibt, sollte man diese beim Einkauf bevorzugen.

Wasserzugabe. Vermeiden Sie beim Kochen allzu großzügige Wasserzugabe. Unnötig viel Wasser verlängert die Ankochzeit, erhöht den Stromverbrauch und vermindert die Qualität der Speisen.

Wirsing. Achten Sie beim Einkauf auf straffe, saftige Außenblätter.

Zeitungspapier ist gut geeignet zum Reinigen von Herdplatten, Öfen und Metallgeräten (aber nicht geeignet für das Einwickeln von Salat und anderen Lebensmitteln, da Druckerschwärze gesundheitsschädlich ist).

Zucchinis haben mit 14-21 cm Länge ihr Idealmaß, den optimalen Geschmack und die zarteste Schale. Achten Sie beim Einkauf auf die Schale: Je mehr sie glänzt, desto frischer ist die Frucht! Frische Zucchinis geben auf Druck nicht nach.

Zuckermais. Achten Sie beim Einkauf auf pralle, goldgelbe Körner!

Der besondere Umwelttip: Bei deutschem Obst mit dem Zeichen »Aus integriertem Anbau« werden die natürlichen Helfer (Marienkäfer und andere Nützlinge) eingesetzt. Dadurch wird der Einsatz von Pflanzenschutz- und Düngemitteln verringert.

Abkürzungsverzeichnis

kg	= Kilogramm
g	= Gramm
mg	= Milligramm
l	= Liter
cl	= Zentiliter
ml	= Milliliter
TL	= Teelöffel
EL	= Eßlöffel
Msp	= Messerspitze
EW	= Eiweiß
kcal	= Kilokalorien
J	= Joule
Pack.	= Packung

Alle Mengenangaben der Rezepte sind für 4 Personen berechnet, sofern keine anderen Angaben erfolgen. Die Nährwertangaben beziehen sich für Kuchen, Plätzchen und Pralinen jeweils auf ein Stück.

REGISTER

REGISTER

REGISTER